INSTRUCTION
QUE
LE ROI A FAIT EXPÉDIER
POUR
RÉGLER PROVISOIREMENT
L'EXERCICE
DE
LA CAVALERIE.

Du 1.er Mai 1765.

A PARIS,
DE L'IMPRIMERIE ROYALE.

M. DCCLXV.

TABLE DES TITRES

Contenus dans cette Instruction.

INSTRUCTION

INSTRUCTION

Que le Roi a fait expédier pour régler proviſoirement L'EXERCICE DE LA CAVALERIE.

Du 1.er Mai 1765.

SA MAJESTÉ voulant que toute ſa Cavalerie ſoit inſtruite & exercée ſur des principes uniformes, a ordonné & ordonne ce qui ſuit :

OBLIGATIONS DES OFFICIERS.

TOUS les Officiers d'un régiment de Cavalerie, depuis le Meſtre-de-camp juſqu'au Porte-étendard, ſeront tenus de ſavoir exécuter généralement tout ce qui a rapport aux différens maniemens des armes & aux manœuvres, tant à pied qu'à cheval, afin de pouvoir en inſtruire leur troupe.

Il y aura pour chaque régiment, un lieu deſtiné pour un manége, où les Officiers & les Cavaliers ſeront inſtruits des principes de l'équitation.

Immédiatement après que les Officiers & Élèves détachés aux Écoles de Cavalerie, que Sa Majeſté a établies, ſeront de retour à leur Corps, ils ſeront chargés de cette inſtruction, & ſe conformeront avec la plus grande exactitude, aux principes qui y ſont établis.

Le Commandant de chaque Corps donnera ſes ordres pour l'arrangement de ce travail; & pour qu'il en réſulte les progrès les plus rapides, il en chargera particulièrement les Officiers & Élèves qui auront le plus profité aux Écoles, & dont on lui aura rendu le meilleur compte.

Auſſitôt que tous les Officiers & bas Officiers ſeront aſſez inſtruits pour former les Cavaliers de leur compagnie, les Maréchaux-des-logis ſeront chargés de dreſſer & d'exercer les Cavaliers de leur ſubdiviſion; ils ſeront reſponſables de ce qu'ils ſoient bien inſtruits, au Lieutenant & au Sous-lieutenant : ces deux Officiers ſeront pareillement reſponſables chacun, de leur diviſion, au Capitaine, qui ne pourra ſe diſpenſer d'aſſiſter aux exercices de ſa compagnie, & qui en répondra au Major & au Commandant du Corps.

Le premier Aide-major du régiment, veillera particulièrement aux exercices du premier eſcadron, le ſecond Aide-major à ceux du ſecond, le premier Sous-aide-major à ceux du troiſième, & le ſecond Sous-aide-major à ceux du quatrième eſcadron, & ils en ſeront reſponſables au Major, qui répondra lui-même des exercices de tout le régiment au Commandant du Corps.

Entend Sa Majeſté que les Commandans & les Majors des Corps n'aient aucune indulgence pour les Capitaines dont les compagnies ſe trouveroient mal inſtruites; voulant Sa Majeſté que chaque Capitaine, étant le chef de ſa compagnie, ſe faſſe obéir & ſoit en droit d'ordonner les arrêts à ceux des Lieutenans & Sous-lieutenans qui ſe négligeroient à cet égard; & ils en rendront compte au Commandant du Corps, qui les fera mettre enſuite en prison, s'il y a lieu : se réservant Sa Majesté d'ordonner de plus grandes peines pour les Officiers négligens à remplir leurs différentes fonctions, comme aussi de récompenser ceux qui se distingueront par leurs talens, leur zèle & leur bonne volonté.

Veut en conséquence Sa Majesté que les Officiers généraux, chargés de faire les revues d'inspection de sa Cavalerie, fassent, lors desdites revues, des examens très-exacts des progrès & du travail de chaque Officier en particulier, ou de sa négligence à cet égard, & qu'ils en rendent compte au Secrétaire d'État ayant le département de la guerre.

Dorénavant aucun nouvel Officier ne pourra être reçu à son emploi, sans être instruit des principes de l'équitation & des devoirs de son état, & pour y parvenir, il sera tenu de faire successivement le service de Cadet & de Maréchal-des-logis, jusqu'à ce qu'il soit assez instruit pour remplir convenablement les fonctions de l'emploi auquel il devra être nommé; l'intention de Sa Majesté étant qu'il n'y soit reçu qu'alors.

DES ARMES DES OFFICIERS, Fourriers, Maréchaux-des-logis, Brigadiers, Carabiniers, Cavaliers, Timbaliers & Trompettes.

LES Officiers, Fourriers & Maréchaux-des-logis n'auront pour armes offensives que le sabre & une paire de pistolets, dont Sa Majesté fera donner des modèles.

Outre le sabre & les pistolets, les Fourriers auront encore pour les campemens, une fiche de six pieds de longueur, & garnie d'une banderole de la couleur affectée à chaque Corps. Ils porteront à cheval le talon de cette fiche dans une botte à peu près semblable à celle d'un mousqueton, le bout supérieur en arrière.

Les Brigadiers, Carabiniers & Cavaliers, seront armés

d'un ſabre, d'une paire de piſtolets, & d'un mouſqueton.

Les Trompettes ſeront armés d'une paire de piſtolets & d'un ſabre, & le Timbalier ne le ſera que d'un ſabre.

Quant aux armes défenſives, celles des Officiers ſupérieurs, des Capitaines & de tous les Officiers de l'État-major, excepté les Porte-étendards & le Quartier-maître, conſiſteront dans une cuiraſſe & une calotte; mais les Officiers ſubalternes, les bas Officiers & les Cavaliers ne porteront qu'un plaſtron & une calotte, excepté le régiment des Cuiraſſiers, dont les Officiers & Cavaliers continueront de porter des cuiraſſes.

Les Officiers ſeront montés ſur des chevaux d'eſcadron ayant tous leurs crins, de la taille de quatre pieds dix pouces, & de tournure convenable; il ſera permis aux Officiers de l'État-major, excepté les Porte-étendards, d'avoir des chevaux à courte queue: tous ces chevaux ſeront ſignalés ſur le contrôle des ſignalemens de chaque régiment, après avoir été reçus par l'Officier général, chargé de l'inſpection du régiment, à qui ils ſeront préſentés; les Commiſſaires des guerres ſeront tenus d'en faire mention dans leur revue, & les Officiers ne pourront s'en défaire qu'avec la permiſſion du Commandant du Corps.

DU SALUT DES OFFICIERS.

LES Officiers mettront le ſabre à la main, le porteront & le remettront dans le fourreau de la même manière que les Cavaliers.

Les Officiers ne ſalueront du ſabre que les perſonnes à qui les Ordonnances déferent ces honneurs par leur naiſſance & leur grade.

Les Officiers n'ôteront jamais leur chapeau à la tête de leur troupe pour ſaluer qui que ce ſoit, à l'exception du Saint-Sacrement.

Les

Les Fourriers & Maréchaux-des-logis mettront pareillement le ſabre à la main, le porteront & le remettront dans le fourreau de la même manière que les Cavaliers; ils ne ſalueront perſonne de leurs armes, & n'ôteront leur chapeau pour qui que ce ſoit, à l'exception du Saint-Sacrement.

Quand les Officiers devront ſaluer du ſabre, ils le feront en quatre temps, ſoit de pied-ferme ou en marchant.

Au premier, lorſque la perſonne qu'on devra ſaluer ſera à quatre pas de diſtance, on élevera le ſabre perpendiculairement la pointe en haut, le tranchant à gauche, tenant la garde vis-à-vis & à un pied de diſtance de l'épaule droite, le coude un demi-pied plus bas que le poignet.

Au deuxième, on baiſſera doucement la lame du ſabre, de manière que la main ſoit à côté & vers le milieu de la cuiſſe droite, & tournant alors un peu le poignet en dehors, on abaiſſera la pointe du ſabre fort doucement, & l'on reſtera dans cette poſition juſqu'à ce que la perſonne qu'on ſalue ſoit éloignée de deux pas.

Au troiſième, on relèvera le ſabre la pointe en haut, le tenant comme au premier temps.

Au quatrième, on portera le ſabre à l'épaule, comme il ſera preſcrit pour les Cavaliers.

Tous les Officiers qui ſeront à la tête ou dans le premier rang d'une troupe, ſalueront enſemble, réglant leurs mouvemens ſur ceux de l'Officier qui ſera à la droite ou à la gauche, ſuivant le côté où ſera placée la perſonne qu'on devra ſaluer.

Lorſque les Porte-étendards devront ſaluer de l'étendard, ils ſe porteront au premier rang, & exécuteront ce ſalut en deux temps.

Au premier, tenant la hampe de la main droite, ils abaiſſeront la lance fort doucement juſqu'auprès de terre, ſans cependant que la cravate la touche.

Au deuxième, ils relèveront doucement la lance perpendiculairement, ſans jamais ôter leur chapeau.

DE LA FORMATION D'UN RÉGIMENT, ſoit à pied ou à cheval.

PLANCHE I.re *Figure 1.*

LORSQUE la Cavalerie montera à cheval pour s'exercer, paroître ou combattre, ſoit par compagnie, par eſcadron ou régiment, ou qu'elle prendra les armes à pied, elle ſera toujours formée ſur deux rangs.

Chaque compagnie, pour ſe former en bataille, ſuivra ſa diviſion naturelle par eſcouade; au moyen de cette diſpoſition, la première & la ſeconde eſcouade formeront la première ſubdiviſion qui ſera placée à la droite du premier rang.

La troiſième & la quatrième eſcouade formeront la ſeconde ſubdiviſion qui ſera placée à la gauche du premier rang.

La cinquième & la ſixième eſcouade formeront la troiſième ſubdiviſion qui ſera placée à la droite du ſecond rang.

La ſeptième & la huitième eſcouade formeront la quatrième ſubdiviſion qui ſera placée à la gauche du ſecond rang.

Chacune de ces quatre ſubdiviſions ſera commandée par un Maréchal-des-logis.

Le premier Maréchal-des-logis ſera attaché à la première ſubdiviſion, le ſecond Maréchal-des-logis à la ſeconde, le troiſième Maréchal-des-logis à la troiſième, le quatrième Maréchal-des-logis à la quatrième, & le Fourrier ſera attaché à toute la compagnie.

La première & la troiſième ſubdiviſion formeront enſemble la première diviſion (ou autrement dit la *première demi-compagnie*), & la ſeconde & la quatrième ſubdiviſion formeront enſemble la ſeconde diviſion.

Le Brigadier de chacune des première, cinquième, troisième & septième escouades qui ferment la droite des première & seconde divisions, sera placé à la première file de la droite de son escouade, & le Carabinier à la seconde; & au contraire, le Brigadier de chacune des seconde, sixième, quatrième & huitième escouades qui ferment la gauche des mêmes divisions, sera placé à la première file de la gauche de son escouade, & le Carabinier à la seconde.

Le premier Maréchal-des-logis sera placé à la droite de la première subdivision, le second Maréchal-des-logis à la gauche de la seconde, le troisième à la droite de la troisième, & le quatrième Maréchal-des-logis à la gauche de la quatrième subdivision.

On suivra le même ordre pour la formation de toutes les compagnies, sans aucune exception.

Le Lieutenant sera attaché à la première division, le Sous-lieutenant à la seconde, & chaque Capitaine restera attaché à toute sa compagnie.

Les huit compagnies dont est composé aujourd'hui un régiment, formeront quatre escadrons.

La première & la cinquième compagnie formeront le premier escadron qui sera placé à la droite.

La seconde & la sixième compagnie formeront le second escadron qui sera placé à la gauche du premier.

La troisième & la septième compagnie formeront le troisième escadron qui sera placé à la gauche du second.

La quatrième & la huitième compagnie formeront le quatrième escadron qui sera placé à la gauche du troisième.

Les première, seconde, troisième & quatrième compagnies seront toutes également placées à la droite de leur escadron, sans aucune inversion.

Lorsque les compagnies formeront l'escadron, on

distinguera les quatre divisions dont il est composé, par première, seconde, troisième & quatrième divisions, commençant à la droite de l'escadron, & finissant par la gauche.

Le Mestre-de-camp, le Lieutenant-colonel & le Major, n'auront aucune place fixe, pour pouvoir se porter où le bien du service l'exigera.

Lorsque le Mestre-de-camp & le Lieutenant-colonel jugeront à propos de prendre le commandement d'un escadron, ils se placeront chacun à la droite du Capitaine qui sera à la tête de l'escadron dont ils prendront le commandement.

Le Major prendra également le commandement d'un escadron, lorsque l'Officier supérieur le jugera à propos.

Dans les cas de parade, le Mestre-de-camp, le Lieutenant-colonel & le Major, se placeront à six pas en avant du premier escadron; le Lieutenant-colonel à la droite, & le Major à la gauche du Mestre-de-camp.

Le plus ancien des deux Capitaines, attaché à chaque escadron, se placera à la tête de son escadron, ayant la croupe de son cheval à deux pas en avant du centre du premier rang, & le moins ancien se placera en serre-file, derrière le centre de l'escadron, ayant la tête de son cheval à deux pas de distance du dernier rang.

Dans le cas où l'un des Commandans d'escadron se trouveroit absent ou blessé, le plus ancien des Capitaines factionnaires qui ne commandera pas d'escadron, prendroit aussitôt le commandement de son escadron, sans qu'il soit nécessaire d'y faire passer sa compagnie.

Le premier Aide-major se placera à la droite du premier escadron, sur l'alignement du premier rang; le second Aide-major à la droite du second escadron, sur le même alignement; le premier Sous-aide-major à la

droite

droite du troiſième eſcadron, & le ſecond Sous-aide-major à la droite du quatrième eſcadron.

Le Lieutenant de la première compagnie de chaque eſcadron, ſe placera à la droite du premier rang de ſa compagnie & ſur le même alignement; le Sous-lieutenant ſe placera à la droite du ſecond rang, derrière le Lieutenant; & le Fourrier ſera placé en ſerre-file, derrière le centre de la compagnie, ayant la tête de ſon cheval à un pas de diſtance du dernier rang.

Quant à la ſeconde compagnie de chaque eſcadron, elle ſera formée de même, avec cette différence que le Lieutenant ſe placera à la gauche du premier rang de ſa compagnie & ſur le même alignement; le Sous-lieutenant à la gauche du ſecond rang, derrière le Lieutenant & le Fourrier, comme il vient d'être dit, en ſerre-file, derrière le centre de la compagnie.

Chacun des Porte-étendards ſera placé dans le ſecond rang de la première compagnie de l'eſcadron à la troiſième file de la gauche de la ſeconde diviſion, entre le Brigadier & le Carabinier.

Les deux Trompettes de chaque eſcadron ſeront placés ſur une ſeule file à la droite de leur eſcadron, ou ſi le Commandant juge à propos de les faire marcher à la tête du régiment, ils ſe réuniront tous à la droite du premier eſcadron où ils ſe formeront ſur deux rangs, le Timbalier au centre du premier rang, & ſeront alignés ſur le premier eſcadron.

Dans les cas de parade & d'aſſemblée du régiment, les Officiers ſe placeront à la tête de leurs compagnie & diviſions, tous ſur le même alignement, & les Officiers-majors à la droite de leur eſcadron, auſſi ſur le même alignement.

Les quatre Cavaliers, dont les Porte-étendards occuperont la place dans les rangs, ſerviront d'eſcorte aux Timbales ſous les ordres du Quartier-maître, & ſeront placés ſur un rang à la droite des Trompettes du premier eſcadron, ayant le Quartier-maître à leur tête. Mais toutes les fois qu'il sera question de combattre, cette escorte se tiendra avec les timbales derrière la première compagnie du premier escadron, sur l'alignement des Fourriers de serre-file.

Dans le cas où il se trouveroit des Cavaliers surnuméraires de quelques compagnies, après que les divisions seront égalisées, le Commandant les enverra joindre la garde des timbales sous les ordres du Quartier-maître.

Si le régiment est à cheval, la distance entre les rangs ouverts sera de quatre grands pas, c'est-à-dire de douze pieds depuis la croupe du cheval de devant jusqu'à la tête de celui qui le suit, & elle ne sera que d'un petit pas lorsque les rangs devront être serrés.

La distance ordinaire d'un escadron à l'autre sera de la moitié du front d'un escadron, elle ne sera pas plus considérable d'un régiment à un autre; mais les escadrons qui seront en seconde ou troisième ligne, conserveront au moins une distance égale à leur front.

Si au contraire le régiment est sous les armes à pied, les escadrons ne conserveront entr'eux aucun intervalle, si ce n'est lorsqu'on répètera les manœuvres qu'on doit exécuter à cheval; la distance entre les rangs ouverts ne sera que de quatre pas ordinaires, c'est-à-dire de huit pieds, & il n'y aura qu'un pied de distance d'un rang à l'autre lorsqu'ils seront serrés.

PLANCHE I.re *Figure 2.*

Lorsque les escadrons se rompront pour marcher en colonne par compagnie & se rendre sur le terrain de l'exercice, le Capitaine, le Lieutenant & le Sous-lieutenant de chaque compagnie marcheront à la tête de leur compagnie, le Lieutenant à la droite & le Sous-lieutenant à la gauche du Capitaine, & le Fourrier marchera en serre-file derrière la compagnie.

PLANCHE I.re *Figure 3.*

Lorsque les compagnies se rompront par division, le Capitaine & le Lieutenant de chaque compagnie marcheront à la tête de leur compagnie, le Sous-lieutenant marchera à la tête de la seconde division, & le Fourrier, ainsi qu'il vient d'être dit, en serre-file derrière la compagnie.

Lorsqu'ensuite les divisions se rompront par demi-rang, ou qu'elles défileront par un, deux, trois ou quatre, les Officiers marcheront dans le même ordre à la tête de leur division.

PLANCHE I.re *Figure 4.*

Dans l'un & l'autre cas, l'Officier-major attaché à chaque escadron, marchera sur le flanc de son escadron, & n'aura aucune place fixe.

Les Timbales avec leur escorte, resteront à la droite du premier escadron toutes les fois qu'il ne sera rompu que par compagnie, mais s'il est rompu par division, &c. ils formeront une division particulière qui marchera à la tête de cet escadron: il en sera de même des Trompettes de chaque escadron.

Lorsqu'après avoir marché en colonne, par division ou compagnie, on formera les escadrons en avant, ou le régiment en bataille, les Officiers continueront de marcher à la tête de leur troupe; jusqu'à ce que le Commandant leur ait fait l'avertissement de prendre leurs places de bataille; alors ils se placeront ainsi qu'il est prescrit pour la formation des escadrons, & resteront dans les rangs pendant toutes les manœuvres, soit qu'on fasse rompre le régiment par compagnie ou par division; dans ce dernier cas, le Capitaine & les Fourriers de serre-file de chaque escadron marcheront sur le flanc des divisions, du côté où l'on se sera rompu.

DES SONNERIES,

pour servir de signal à la Cavalerie.

LORSQUE toute la Cavalerie & toutes les Troupes d'une garnison, d'un quartier ou d'un camp devront monter à cheval & prendre les armes, tous les Trompettes sonneront le *boute-selle*, auquel signal on sellera, & le Cavalier tiendra son équipage prêt à charger.

S'il n'y a qu'une partie de la Cavalerie d'une garnison,

d'un quartier ou d'un camp qui doive prendre les armes à pied, ou monter à cheval, on ſonnera *la marche* au lieu du *boute-ſelle.*

Lorſqu'on ſonnera la charge, on bridera les chevaux (& ſi l'on doit partir d'un camp, on détendra les tentes & on les chargera), & chaque compagnie ſe raſſemblera, pour que l'inſpection en ſoit faite par les bas Officiers & Officiers, ainſi qu'il ſera expliqué ci-après.

Lorſqu'on ſonnera *à cheval,* toutes les compagnies ſe raſſembleront pour ſe former enſemble en bataille, ſoit à la tête du camp, ſoit au quartier d'aſſemblée de chaque régiment en garniſon ou en quartier.

Lorſqu'on ſonnera enſuite *la marche,* on ſe mettra en mouvement.

En cas d'alerte ou de ſurpriſe, où il eſt néceſſaire de monter à cheval avec la plus grande célérité pour ſe mettre promptement en état de défenſe, on ſonnera *aux armes,* au lieu du *boute-ſelle;* il eſt même néceſſaire d'y exercer la Cavalerie de temps en temps.

DE L'ASSEMBLÉE D'UN RÉGIMENT À PIED.

LORSQU'ON ſonnera la charge, chaque Brigadier fera apprêter ſon eſcouade, & la raſſemblera pour examiner s'il ne manque rien à l'armement, à l'équipement & à l'habillement, & il la conduira enſuite au rendez-vous de ſa compagnie, où le Fourrier & les Maréchaux-des-logis ſe trouveront pour former leur ſubdiviſion en haie (de manière que la troiſième ſoit placée à la gauche de la première, la ſeconde à la gauche de la troiſième, & la quatrième à la gauche de la ſeconde), en faire l'appel & faire un ſecond examen de toutes les parties de l'armement, de l'équipement & de l'habillement.

Les Lieutenans & Sous-lieutenans ſe trouveront pareillement au rendez-vous de leur compagnie immédiatement après la charge, pour faire faire devant eux

l'appel

l'appel de leur division, & examiner avec la plus grande attention s'il n'y manque rien en tout point.

La charge sonnée, chaque Capitaine se trouvera au rendez-vous de sa compagnie, qu'il trouvera déjà en haie & disposée par subdivision & division, le Cavalier portant le mousqueton au bras; le Capitaine fera les commandemens nécessaires pour faire porter le mousqueton; & dès cet instant, les Cavaliers observeront le plus grand silence & seront immobiles sous les armes; ils seront serrés de manière que les coudes se touchent sans se gêner, les deux talons joints, les pieds formant une équerre, les épaules effacées, la poitrine en avant, le corps droit & bien d'aplomb, le jarret bien tendu, le mousqueton dans la main gauche, les trois derniers doigts sous le talon de la crosse, le premier doigt sur la vis & le pouce en dessus, le poignet arrondi, le coude près du corps, le canon en dehors, la batterie vis-à-vis l'aisselle & à même hauteur, l'arme presque droite & ferme, sans pancher ni à droite ni à gauche, le bras droit collé au corps, & la paume de la main sur la cuisse, les doigts alongés.

Le Capitaine fera ensuite les commandemens de l'inspection de la manière suivante.

DE L'INSPECTION À PIED.

Prenez garde à vous pour l'Inspection.

I.

Passez le mousqueton du côté du sabre.

En trois temps: au premier, on saisira de la main droite le mousqueton à la poignée sans le remuer.

Au deuxième, en tournant un peu à droite sur le talon gauche, de manière que le pied gauche forme une perpendiculaire sur l'alignement, on portera le pied droit en équerre, à deux pouces de distance derrière le talon gauche, & on détachera en même temps, avec la main droite, le mousquèton de l'épaule, le saisissant de la main gauche au milieu du canon, au-dessous de l'anneau de la grenadière, la main à hauteur de l'œil, le pouce en dedans, le mousqueton perpendiculaire, la platine en dehors, le coude gauche près du mousqueton, l'avant-bras droit horizontal.

Au troisième, quittant le mousqueton de la main droite, on le baissera de la main gauche, le bras dans toute sa longueur, de façon que la crosse se trouve à quatre pouces de terre, & on placera vivement la main droite à un doigt du bout du canon; on dégagera ensuite un peu la baguette avec le pouce & le premier doigt de la main droite, plaçant le pouce alongé le long du gros bout de la baguette, le premier doigt plié & le coude près du corps.

2.

Mettez la baguette dans le canon.

En quatre temps: au premier, on tirera la baguette hors des tenons jusqu'à moitié de sa longueur, en alongeant le bras droit brusquement, & renversant ensuite la main, on empoignera la baguette près du bout du canon.

Au deuxième, on achèvera de la tirer vivement, pour la tenir parallèle du côté droit, & à quatre doigts de distance du canon, le gros bout en bas, sans l'appuyer sur le ceinturon, la main de quatre doigts plus haute que le bout du canon.

Au troisième, on portera la baguette de biais au bout du canon, dans lequel on la fera entrer jusqu'à ce que la main touche le bout du mousqueton.

Au quatrième, on laissera tomber la baguette dans le canon, la main se replaçant à un doigt du bout du mousqueton.

Le Capitaine examinera, en passant par-devant & par-derrière le rang, toutes les parties de l'habillement, de l'armement & de l'équipement, si les armes sont claires, si le mousqueton est chargé ou non, si les Cavaliers sont propres, & si leurs moustaches sont noircies & bien relevées, si leurs cheveux sont bien peignés, si leur chapeau est bien retapé & vergetté, ainsi que leur habit, s'il n'y a rien de décousu, si les souliers, les guêtres & les fourreaux des sabres sont bien entretenus, si les ceinturons sont placés comme il faut.

Le Capitaine entrera dans tous ces détails, en faisant l'examen de sa compagnie; & s'il trouve qu'il y ait quelques défauts & que tout ne soit pas en règle, il en rendra responsable le Lieutenant ou le Sous-lieutenant de la division à laquelle il aura manqué quelque chose; ces deux Officiers s'en prendront de même aux Maréchaux-des-logis de leur division, pour tout ce qui pourroit manquer dans la subdivision dont chacun de ces Maréchaux-des-logis est chargé; ceux-ci aux Brigadiers, par rapport à leur escouade, & ces derniers aux Cavaliers.

Pendant le temps de cette inspection, le Fourrier distribuera des cartouches à poudre si la compagnie doit être exercée au feu.

Le Capitaine ayant fait cette inspection, fera les commandemens suivans:

3.

Remettez la baguette en son lieu.

En quatre temps: au premier, on saisira le bout de la baguette avec le pouce & le premier doigt de la main droite, pour la sortir du canon jusqu'à moitié de sa longueur, & renversant ensuite la main, les ongles en dessous, on la saisira près du bout du mousqueton.

Au deuxième, on achèvera de la tirer, pour la tenir parallèle au canon, le petit bout en bas, comme il a été prescrit ci-devant.

Au troisième, on la fera entrer dans les tenons jusqu'à moitié de sa longueur, & on alongera le bras pour porter le creux de la main à hauteur de l'épaule droite, sur le gros bout de la baguette.

Au quatrième, on enfoncera la baguette d'un seul coup de main, qu'on replacera à un doigt du bout du canon.

4.

Portez le mousqueton.

En trois temps : au premier, on élèvera le mousqueton de la main gauche, on le saisira de la main droite à la poignée pour le tenir comme au second temps du premier commandement.

Au deuxième, la main gauche quittant le canon, se placera sous la crosse, en faisant face en tête & frappant du pied droit pour le replacer à côté du gauche, & on tiendra le mousqueton perpendiculaire vis-à-vis & à un demi-pied de distance de l'épaule gauche, la gachette à hauteur de l'épaule.

Au troisième, on attirera brusquement avec la main gauche le mousqueton contre l'épaule gauche, & on replacera vivement la main droite sur la cuisse.

5.

Mousqueton à la grenadière.

En trois temps : au premier, on portera la main droite à la poignée.

Au deuxième, on portera le mousqueton un peu en travers au-dessus de la tête, la platine en dessus, on passera tout de suite la tête & le bras droit entre la grenadière & le mousqueton, qu'on laissera tomber à droite, la main droite appuyée sur la crosse.

Au troisième, on poussera la crosse en arrière, de la main droite, qu'on laissera ensuite pendante, ainsi que la main gauche.

6.

Dégagez le sabre.

En un temps : on portera la main droite à la poignée pour dégager la lame d'environ quatre doigts du fourreau, se réglant sur la gauche.

7.

Sabre à la main.

En un temps: on tirera vivement le ſabre, pour le porter à l'épaule droite, le dos de la lame appuyé contre l'épaule, le poignet à hauteur de la hanche paſſant le petit doigt derrière la poignée, & la tête un peu tournée à droite.

A meſure que l'Officier qui fera l'inſpection s'arrêtera devant chaque Cavalier, le Cavalier préſentera le ſabre en trois temps.

Au premier, il le portera en avant, le bras demi-tendu, la coquille à hauteur & à un pied de diſtance de la cravate, le ſabre perpendiculaire, le plat de la lame en avant, le tranchant à gauche & le pouce alongé ſur le côté droit de la poignée, repaſſant le petit doigt ſur la poignée.

Au deuxième, il tournera le poignet en dehors pour préſenter l'autre côté de la lame, le tranchant à droite.

Au troiſième, dès que l'Officier ſera paſſé, il portera ſon ſabre à l'épaule, en retournant le poignet en dedans.

8.

Remettez le ſabre.

En trois temps: au premier, détachant le ſabre de l'épaule, on l'élèvera perpendiculaire la pointe en haut, (repaſſant toujours le petit doigt ſur la poignée toutes les fois qu'on porte le ſabre en avant), la coquille à hauteur & à un pied de diſtance de la cravate, comme il vient d'être preſcrit.

Au deuxième, on baiſſera la lame de manière qu'elle paſſe en croix le long du bras gauche, la pointe derrière, pour la remettre dans le fourreau juſqu'à quatre doigts de la coquille, la tête tournée à gauche.

Au troiſième, on enfoncera d'un ſeul coup la lame dans le fourreau, & tournant la tête à droite, on reportera la main à droite.

9.

Portez le mousqueton

En trois temps : au premier, on portera la main droite sur la crosse.

Au deuxième, on tirera le mousqueton en avant, on passera tout de suite le bras droit entre le corps & le mousqueton, qu'on saisira par-dessous à la poignée, on le passera en travers par-dessus la tête, & on le portera vis-à-vis l'épaule gauche, la main gauche sous la crosse, comme au deuxième temps du quatrième commandement.

Au troisième, comme au troisième temps du quatrième commandement.

Ces commandemens étant exécutés, le Capitaine fera égaliser les divisions, après quoi il fera les commandemens suivans.

1.

Prenez garde à vous.

2.

Par division sur deux rangs, formez la compagnie.

3.

A droite & à gauche.

4.

Marche.

5.

Remettez-vous.

Planche II, *Figure 8.*

Le premier commandement ne servira que d'avertissement.

Au deuxième commandement, la troisième & la quatrième subdivision, partant du pied gauche, feront un pas en arrière.

Au troiſième, la ſeconde & la troiſième ſubdiviſion ne bougeront; les Cavaliers de la première ſubdiviſion feront *à gauche*, & ceux de la quatrième ſubdiviſion feront *à droite*.

Au quatrième commandement, ces mêmes Cavaliers ſe ſerreront ſur le centre de la compagnie, & ſe remettront face en tête au cinquième commandement.

Au lieu de cette manœuvre, on pourra commander *à droite par ſubdiviſion*, & ayant fait ſerrer le ſecond rang de chaque diviſion ſur le premier, & la ſeconde diviſion ayant pris ſa diſtance, on commandera *à gauche par diviſion*.

Le Capitaine fera enſuite les commandemens qu'il croira néceſſaires pour faire rompre ſa compagnie & la mettre en marche ſur un front proportionné au terrain qu'il devra parcourir pour ſe rendre au quartier d'aſſemblée du régiment, où en arrivant il placera ſa compagnie dans le rang qu'elle doit tenir dans l'ordre de bataille du régiment, & lui fera les commandemens néceſſaires pour ſe repoſer ſur le mouſqueton; c'eſt alors que le Major & les Officiers-majors, qui auront dû ſe rendre d'avance à ce lieu d'aſſemblée, doivent parcourir le front & la queue du régiment pour en compléter les files & égaliſer, autant qu'il ſera poſſible, toutes les diviſions.

Le Meſtre-de-camp ou autre Commandant du corps ſe trouvera en même temps au rendez-vous du régiment, & s'il juge à propos den faire une inſpection générale, il fera au régiment les commandemens de l'inſpection, tels qu'ils ſont preſcrits ci-deſſus; ſi au contraire ledit Commandant du corps ne le juge pas à propos, il fera ſerrer les rangs s'ils ſont ouverts, & fera rompre le régiment, comme il le jugera à propos, pour le mettre en marche & ſe rendre ſur le terrain deſtiné aux exercices.

Le régiment étant arrivé ſur le terrain où il devra ſe

mettre en bataille pour s'exercer ou pour quelqu'autre cause que ce soit, le Commandant fera les commandemens nécessaires pour le former en bataille, soit en avant, sur la droite ou sur la gauche.

Si le régiment doit être vu en parade, en bataille, le Commandant fera ouvrir les rangs.

Si au contraire le régiment doit être exercé tout de suite, on ne fera point ouvrir les rangs, & le Commandant se portera seul en avant du front, à trente pas du premier rang pour lui faire les commandemens ; mais avant de faire exécuter aucune manœuvre, il avertira les Officiers de se rendre à leur place de bataille ; cet avertissement sera suivi d'un appel après lequel les Officiers se placeront sur les flancs des escadrons & en serre-file ainsi qu'il est prescrit ci-devant.

Soit que le régiment s'exerce à pied ou à cheval, le Mestre-de-camp, le Lieutenant-colonel, le Major, ou tout autre Officier qui se trouvera commander le régiment, un escadron, ou toute autre troupe, lui commandera lui-même le maniement des armes & les manœuvres, sans charger de ce soin les Officiers-majors.

Le Commandant du Corps pourra cependant nommer, quand il le jugera à propos, un Officier pour commander à sa place, afin de s'assurer si tous les Officiers sont en état de commander.

OBSERVATIONS GÉNÉRALES sur le maniement des armes à pied.

LA perfection du maniement des armes à pied, consiste en ce que les Cavaliers aient les épaules effacées, les talons serrés, qu'ils portent bien leur mousqueton, qu'ils fassent quarrément face devant eux, qu'ils brusquent tous leurs temps, qu'ils restent immobiles dans l'intervalle d'un commandement

commandement à l'autre ; en ce que les files & les rangs ſoient exactement dreſſés, & que pendant tout le maniement des armes, les files, les rangs & les armes ſoient toujours alignés avec préciſion.

C'eſt aux Officiers & bas Officiers à donner l'exemple à leurs Cavaliers, en reſtant eux-mêmes immobiles dans leur poſition, le ſabre à la main, le corps droit & ferme, les genoux également tendus, ſans parler ni faire aucun bruit.

Lorſqu'un Cavalier fera tomber par mal-adreſſe, ſa baguette ou ſon chapeau, en quelque temps de l'exercice que ce ſoit, il ne le ramaſſera point, & il attendra que le Commandant ordonne à un Maréchal-des-logis ou Fourrier de le ramaſſer.

On obſervera toujours de mettre une ſeconde entre l'exécution de chaque temps des commandemens qui en auront pluſieurs ; & celui qui commandera le maniement des armes ou l'homme-d'aile, dont il ſera parlé ci-après, lorſqu'on fera l'exercice à la muette, mettra deux ſecondes de repos, entre la fin d'un commandement & le commencement du ſuivant.

Pour mettre toute la préciſion poſſible dans ces différens repos, on accoutumera les Cavaliers à compter à la muette, *un, deux,* dans le temps d'une ſeconde, & à répéter cette formule autant de fois qu'ils auront de ſecondes à attendre pour l'exécution des mouvemens.

Quant à l'exécution des mouvemens, on aura attention à ce que les Cavaliers les bruſquent tous, qu'ils arrivent à l'objet propoſé, par la voie la plus courte, paſſant toujours les armes près du corps, & qu'à la fin de chaque temps, il y ait une ceſſation totale de mouvement.

DU MANIEMENT DES ARMES À PIED.

LE Commandant s'étant porté en avant du front du régiment, comme il a été expliqué ci-dessus, fera cet avertissement :

Prenez garde à vous pour le maniement des armes.

A cet avertissement, tous les Officiers & Fourriers mettront le sabre à la main, & le porteront à l'épaule droite.

Le Commandant fera ensuite sonner trois coups d'appel, au *premier* desquels les Capitaines & Fourriers de serre-file feront demi-tour à droite, ainsi que les Sous-lieutenans du second rang.

Au second coup d'appel, tous les Officiers & Fourriers partiront tous du pied gauche, ainsi que l'*homme-d'aile de la droite*, & celui de la gauche, pour marcher tous devant eux & aller se placer; savoir, les deux hommes-d'aile à douze pas du premier rang, l'un dans la direction de la première file de la droite, & l'autre dans la direction de la première file de la gauche; les Commandans d'escadron, les Lieutenans, ainsi que les Officiers-majors à quarante pas en avant du premier rang & sur un même alignement entre eux; les Capitaines de serre-file, ainsi que le Sous-lieutenant du second rang, à douze pas en arrière du dernier rang, & les Fourriers de serre-file à six pas en arrière de ce même rang.

A l'égard du Quartier-maître & des quatre Cavaliers destinés à l'escorte des timbales, ils resteront dans la même place, & ne feront point le maniement des armes.

Le Major se placera à la gauche du Commandant, & le Lieutenant-colonel à sa droite.

Au troisième coup d'appel, tous ces Officiers & bas Officiers feront face à leur troupe par un *demi-tour à droite,* sans quitter leur place jusqu'à la fin de l'exercice, & les deux hommes-d'aile se feront face par un *à droite* & un *à gauche.*

Le Commandant fera ensuite les commandemens suivans, dont il n'annoncera que le premier à la voix, auquel l'homme-d'aile de la droite devra partir brusquement pour commencer le maniement des armes, & le continuer sans attendre d'autre commandement, le maniement des armes devant toujours être fait à la muette toutes les fois qu'on y exerce un régiment ou seulement un escadron en entier.

Dans les mouvemens où il sera prescrit d'avoir la tête tournée à gauche, on se règlera sur l'homme-d'aile de la gauche.

COMMANDEMENS POUR LE MANIEMENT DES ARMES À PIED.

1.

A droite.

EN deux temps : au premier, on tournera sur les deux talons, en élevant la pointe des pieds autant qu'il est nécessaire pour faciliter ce mouvement.

Au second, on portera le pied droit à côté du gauche, sur le même alignement, en le frappant contre terre.

2.

A gauche.

EN deux temps : au premier, on tournera sur les deux talons.

Au second, comme au second temps du commandement précédent.

3.

Demi-tour à droite.

4.

Demi-tour à droite.

Ces deux commandemens s'exécuteront chacun en trois temps : au premier, on portera la main droite à la poignée du moufqueton, & le quittant enfuite de la main gauche pour contenir le fabre, on portera en même temps le pied droit en arrière à quatre pouces de diftance de fon alignement.

Au deuxième, on tournera à droite fur les deux talons, pour faire face du côté oppofé, ayant toujours la tête un peu tournée à droite.

Au troifième, frappant du pied droit contre terre, on le placera à côté du gauche, & la main gauche quittant en même temps le fabre, fe replacera à la croffe du moufqueton, que la main droite abandonnera, pour fe replacer auffitôt fur la cuiffe.

5.

Haut le moufqueton.

En deux temps : au premier, on portera la main droite à la poignée du moufqueton, fans le remuer.

Au deuxième, en tournant le moufqueton, on le portera devant foi, entre les deux yeux, le canon en dedans; on faifira en même temps le moufqueton de la main gauche, le tenant près de l'extrémité fupérieure de la platine, de manière que le petit doigt en touche la partie fupérieure, le pouce alongé fur le bois, le canon prefque d'aplomb, le bas de la croffe appuyé contre l'eftomac, le coude gauche ferré contre le corps, la main gauche à hauteur des yeux, & le coude droit élevé prefque à la hauteur de l'épaule, le pouce droit alongé fur la poignée.

6.

Apprêtez le mousqueton.

EN un temps : on armera le mousqueton, en mettant le pouce de la main droite sur le chien, & le premier doigt sur la partie supérieure de la sougarde, serrant le coude droit contre le corps, sans que le pouce ni le premier doigt changent de position ; les Cavaliers du premier rang poseront en même temps le pied droit en équerre à six pouces en arrière du gauche, tournant sur le talon gauche & effaçant le corps à droite ; ceux du second rang tourneront sur le talon droit pour porter le pied gauche sur la droite de leur chef-de-file, & leur pied droit en même temps d'équerre à six pouces derrière le gauche, de manière qu'ils puissent bien ajuster au milieu des intervalles du premier rang, & tirer sans blesser personne.

7.

En joue.

EN un temps : les Cavaliers des deux rangs appuieront la crosse à l'épaule droite, plaçant aussitôt le premier doigt de la main droite sur la gachette, le coude droit, serré sans contrainte, la tête & le corps un peu inclinés en avant, en ployant sur la partie gauche, ajustant devant eux à hauteur de la ceinture, le pouce droit sur la poignée du mousqueton.

8.

Feu.

EN un temps : on appuiera le premier doigt sur la gachette, sans baisser la tête ni faire aucun autre mouvement.

9.

Retirez vos armes.

EN un temps : on retirera vivement le mousqueton, plaçant la crosse sous le bras droit, le chien vis-à-vis le teton droit, le bout du mousqueton plus élevé d'un pied & demi que le bassinet, le coude gauche collé au corps, le pouce de la main gauche sur le canon, le pouce droit ſur le chien, & le premier doigt ſur la détente; à l'égard des pieds, les Cavaliers du premier rang rapprocheront ſimplement le pied droit à deux pouces derrière le gauche; ceux du ſecond rang reporteront leur pied gauche à gauche, ſur la direction de leur chef-de-file, & leur pied droit ſe placera en même temps à deux pouces derrière le gauche.

10.

Mettez le chien en ſon repos.

En un temps: on relèvera le chien avec le pouce, juſqu'à ce qu'il s'arrête dans le premier cran, la main droite reſtant à la même poſition.

11.

Prenez la cartouche.

En un temps: on portera bruſquement la main droite au porte-cartouche pour en tirer la cartouche.

12.

Déchirez la cartouche.

En deux temps: au premier, on portera la cartouche à la bouche pour la déchirer avec les dents.

Au deuxième, on la portera près du baſſinet.

13.

Amorcez.

En un temps: on remplira le baſſinet de poudre, après quoi on placera les deux derniers doigts de la main droite derrière la batterie, tenant la cartouche droite entre le pouce & le premier doigt.

14.

Fermez le baſſinet.

En un temps: on fermera le baſſinet avec les deux derniers doigts, on reportera enſuite la main droite derrière la platine, ſaiſiſſant la poignée entre les deux derniers doigts & la paume de la main.

15.

Passez le mousquèton du côté du sabre.

En deux temps : au premier, on élèvera le mousqueton perpendiculaire vis-à-vis l'œil gauche, coulant la main gauche le long du bois jusqu'à l'anneau de la grenadière, la main à hauteur de l'œil, l'avant-bras droit horizontal, la platine en dehors, observant de tenir la cartouche droite.

Au deuxième, quittant le mousqueton de la main droite, & le baissant de la main gauche jusqu'à quatre pouces de terre, on le saisira avec les deux derniers doigts de la main droite, à un doigt du bout du canon.

16.

Mettez la cartouche dans le canon.

En un temps : on mettra la cartouche dans le canon, & on saisira ensuite la baguette avec le pouce & le premier doigt de la main droite, plaçant le pouce alongé le long du gros bout de la baguette, le premier doigt ployé & le coude près du corps.

17.

Tirez la baguette.

En deux temps : comme aux deux premiers temps du deuxième commandement de l'inspection à pied.

18.

Bourrez.

En trois temps : au premier, on portera la baguette de biais au bout du canon, dans lequel on la fera entrer d'un pouce, & coulant ensuite la main le long de la baguette, on alongera le bras de toute sa longueur pour la saisir par le petit bout avec le pouce & le premier doigt.

Au deuxième, on enfoncera la baguette dans le canon, sans la quitter, & la ressortant tout de suite jusqu'à la moitié de sa longueur, on la saisira par le milieu près du bout du canon, la main renversée en dedans, les ongles en avant.

Au troisième, comme au deuxième temps du troisième commandement de l'inspection à pied.

19.

Remettez la baguette en son lieu.

En deux temps : comme aux troisième & quatrième temps du troisième commandement de l'inspection à pied.

20.

Portez le mousqueton.

En trois temps : comme au quatrième commandement de l'inspection à pied.

21.

Présentez le mousqueton.

En trois temps : les deux premiers, comme au cinquième commandement.

Au troisième, plaçant le pied droit à deux pouces derrière son alignement, sans déranger le pied gauche & sans effacer le corps à droite, on baissera le mousqueton, le tenant perpendiculaire vis-à-vis l'épaule droite, la sougarde en avant, le bras droit étendu de toute sa longueur, & l'avant-bras gauche appuyé au corps, baissant le pouce de la main en dedans sur le canon.

22.

Portez le mousqueton.

En deux temps : au premier, frappant du pied droit pour le replacer à côté du gauche, on relèvera le mousqueton, tournant le canon en dehors, & on placera la main gauche à la crosse pour le tenir perpendiculaire vis-à-vis & à un demi-pied de distance de l'épaule gauche, la gachette à hauteur de l'épaule.

Au deuxième, on attirera brusquement, avec la main gauche, le mousqueton contre l'épaule gauche, & on replacera en même temps la main droite sur le côté.

Le Commandant fera ensuite les commandemens nécessaires pour ouvrir les rangs en arrière, sans que le premier rang bouge, & sans que le dernier rang soit obligé

obligé de faire *demi-tour à droite ;* le dernier rang partant du pied gauche, fera feulement quatre pas en arrière, obfervant d'être toujours fur la direction des chefs de file du premier rang.

Les Officiers & Fourriers placés derrière le régiment, partiront de même du pied gauche, pour faire quatre pas en arrière en même temps que le dernier rang.

Dès que ce mouvement fera exécuté, le Commandant fera le commandement fuivant, auquel l'homme-d'aile de la drotie continuera d'exécuter les commandemens ci-après.

23.

Paffez la platine fous le bras gauche.

En quatre temps : au premier, on portera la main droite à la poignée.

Au deuxième, on faifira le moufqueton de la main gauche au-deffous du porte-baguette d'en bas, le tenant perpendiculaire vis-à-vis l'épaule gauche, la main gauche à hauteur du front, le canon en dehors, le pouce droit le long du revers de la platine.

Au troifième, on paffera la platine fous le bras gauche, la main droite accompagnant le moufqueton jufque fous le bras.

Au quatrième, on reportera vivement la main droite fur le côté, fans baiffer le bout du moufqueton.

24.

Portez le moufqueton.

En trois temps : au premier, on relèvera le moufqueton de la main gauche, pour le tenir perpendiculaire vis-à-vis l'épaule gauche, la main à hauteur du front, & on le faifira de la main droite à la poignée, le pouce le long de la contre-platine, le canon en dehors.

Au deuxième, on portera la main gauche à la croffe.

Au troifième, comme au deuxième temps du vingt-deuxième commandement.

25.

Renversez le mousqueton.

En cinq temps : les deux premiers comme au cinquième commandement.

Au troisième, en retournant la main gauche & alongeant le bras, on renversera le mousqueton le bout du canon en avant, la crosse passant entre le bras droit & le corps, & plaçant le mousqueton à plomb, la crosse à hauteur de la bouche, le canon en dehors, on le contiendra de la main droite à la poignée.

Au quatrième, on placera le mousqueton renversé sous le bras gauche, glissant la main gauche le long du canon, de façon que la crosse soit appuyée à l'épaule.

Au cinquième, on replacera vivement la main droite sur la cuisse.

26.

Portez le mousqueton.

En quatre temps : au premier, on reportera de la main gauche le mousqueton en avant, joignant tout de suite la main droite à la poignée, pour le tenir comme au troisième temps du commandement précédent.

Au deuxième, la main gauche se renversera & retournera vivement le mousqueton, le bout du canon en avant pour le placer dans la position prescrite au deuxième temps du cinquième commandement.

Au troisième, on le portera vis-à-vis l'épaule gauche, le canon en dehors & à un demi-pied de distance de l'épaule, la main gauche se plaçant à la crosse.

Au quatrième, comme au deuxième temps du vingt-deuxième commandement.

27.

Portez le mousqueton au bras.

En trois temps : au premier, on portera la main droite à la crosse, au-dessous de la poignée.

Au deuxième, la main gauche quittant la crosse, se placera sur la poitrine, contenant le mousqueton de l'avant-bras gauche seulement, sur lequel on laissera appuyer le chien.

Au troisième, on replacera vivement la main droite sur la cuisse.

28.

Portez le mousqueton.

En trois temps : au premier, on portera la main droite à la crosse près de la poignée.

Au deuxième, la main gauche se placera à la crosse, & tiendra le mousqueton dans la position ordinaire.

Au troisième, on replacera vivement la main droite sur la cuisse.

29.

Reposez-vous sur le mousqueton.

En quatre temps : les deux premiers, comme au cinquième commandement.

Au troisième, quittant le mousqueton de la main droite pour le saisir au bout du canon, la main gauche le baissera jusqu'à ce que le bras soit tendu, pour le porter du côté droit, laissant couler la crosse jusqu'à quatre pouces de terre, la sougarde en avant, la main droite appuyée au corps, les deux épaules également avancées sans baisser ni l'une ni l'autre.

Au quatrième, on appuiera la crosse à terre à deux pouces de distance & sans qu'elle dépasse la pointe du pied droit, la sougarde en avant, observant de lever le pied droit en même temps que le mousqueton arrivera à terre, & de le replacer aussitôt sans en frapper, la main gauche se replaçant sur la cuisse.

30.

Posez le mousqueton à terre.

En quatre temps : au premier, en même temps qu'on tournera le mousqueton vers le corps, on fera *à droite* sur le talon gauche, on placera le pied droit derrière la crosse du mousqueton, & on mettra la main gauche derrière le dos pour saisir la bandoulière.

Au deuxième, laissant couler la main droite jusqu'à l'anneau de la grenadière, on fera un pas de deux pieds en avant du pied gauche, le frappant contre terre & courbant le corps brusquement, le jarret droit bien tendu, on couchera le mousqueton par terre, la platine en dessus la crosse restant appuyée au pied droit, & l'arme bien perpendiculaire sur l'alignement.

Au troisième, on se relèvera en ramenant le pied gauche à sa place, laissant pendre le bras droit.

Au quatrième, on tournera sur le talon gauche pour faire face en tête, observant de replacer le pied droit à côté du gauche, sans déranger la crosse, & la main gauche quittant la bandoulière, tombera pendante sur le côté.

31.

Reprenez le mousqueton.

En quatre temps: au premier, on tournera à droite, comme ci-devant, plaçant la pointe du pied droit derrière la crosse du mousqueton, & la main gauche saisira en même temps la bandoulière derrière le dos.

Au deuxième, on fera un pas de deux pieds en avant du pied gauche, le frappant contre terre, & se courbant pour reprendre le mousqueton à l'anneau de la grenadière.

Au troisième, on se relèvera, tenant le mousqueton à côté de soi, le canon vers le corps, & on ramènera le pied gauche à sa place, la main droite restant à l'anneau de la grenadière.

Au quatrième, on se remettra face en tête, on retournera le mousqueton la sougarde en avant, & la main gauche tombera pendante sur le côté.

32.

Portez le mousqueton.

En trois temps: au premier, on élèvera le mousqueton de la main droite, la main gauche le saisissant au-dessus de de la platine pour le ramener tout de ſuite devant ſoi, la main gauche à hauteur des yeux, & la main droite le ſaiſiſſant à la poignée.

Le deuxième & le troiſième, comme aux troiſième & quatrième temps du vingt-ſixième commandement.

33.

Mouſqueton à la grenadière.

EN trois temps: comme au cinquième commandement de l'inſpection à pied.

34.

Dégagez le ſabre.

EN un temps: comme au ſixième commandement de l'inſpection à pied.

35.

Sabre à la main.

EN un temps: comme au ſeptième commandement de l'inſpection à pied.

36.

Haut le ſabre.

EN un temps: on portera le ſabre preſque horizontal à ſix pouces environ au-deſſus & en avant de la tête, le tranchant de la lame en avant, la poignée du ſabre vis-à-vis l'épaule droite, la pointe un peu en avant & plus élevée d'un pied & demi que la poignée.

37.

Portez le ſabre.

EN un temps: on portera le ſabre à l'épaule droite, comme il eſt preſcrit au ſeptième commandement de l'inſpection à pied.

38.

Remettez le ſabre.

EN trois temps: comme au huitième commandement de l'inſpection à pied.

39.

Portez le mousqueton.

En trois temps : comme au neuvième commandement de l'inspection à pied.

Le maniement des armes à pied étant fini, le Commandant fera les commandemens nécessaires pour faire serrer les rangs en avant, & pour recommencer ensuite le maniement des armes, s'il le juge à propos; s'il veut au contraire exercer le régiment à d'autres manœuvres, dès qu'il aura fait serrer les rangs, il commandera:

Messieurs les Officiers & bas Officiers, à vos postes.

A ce commandement, les deux hommes-d'ailes feront l'un *à droite* & l'autre *à gauche.*

Il fera ensuite sonner deux *coups d'appels*, au premier desquels les Officiers, Fourriers & hommes-d'ailes partiront tous ensemble du pied gauche pour aller reprendre chacun la place qu'ils occupoient avant le maniement des armes.

Au second coup d'appel, les Commandans d'escadrons, les Officiers du premier rang, les Officiers-majors & les deux hommes-d'ailes feront face en tête par un demi-tour à droite.

DE LA MARCHE
ET DES MANŒUVRES À PIED.

La Cavalerie ne devant jamais combattre à pied, que lorsqu'elle se trouve attaquée dans quelque poste ou quartier de cantonnement, avant qu'elle ait eu le temps de monter à cheval auparavant, il seroit inutile de la fatiguer mal-à-propos, en l'exerçant à manœuvrer à pied, il suffira donc de lui apprendre à marcher & à ouvrir & ſerrer ſes rangs, pour la mettre en état de monter la garde à pied dans les Places, & de lui faire exécuter à pied les manœuvres qu'elle doit exécuter à cheval, afin qu'elle les conçoive mieux.

On diſtinguera trois ſortes de marches, ſavoir, celle en ligne droite en avant ou en arrière, celle qui ſe fait en ligne oblique, & la marche de converſion qui ſe fait en ligne circulaire.

La marche devant ſoi, en ligne droite, ſe fera par trois ſortes de pas, ſavoir, le petit pas, le pas ordinaire & le pas redoublé; la marche en arrière en ligne droite, ſe fera en reculant par le pas ordinaire.

La longueur du petit pas ſera d'un pied, celle du pas ordinaire & du pas redoublé ſera de deux pieds; quant à la durée, elle ſera d'environ une ſeconde, pendant laquelle on fera deux pas redoublés.

Le pas oblique ſe fera dans le même eſpace d'environ une ſeconde, il ſera au plus de dix-huit pouces d'un talon à l'autre; on redoublera le pas oblique, comme le pas ordinaire, en faiſant deux pas obliques dans l'eſpace d'environ une ſeconde.

Le pas que chaque Cavalier doit faire en marchant en ligne circulaire, pour faire un quart de converſion, doit être plus alongé ou plus raccourci, ſelon que celui qui le fait ſe trouve plus éloigné ou plus près du Cavalier qui ſoutient.

Pour que la converſion ſe faſſe régulièrement, il faut que tous les Cavaliers de la diviſion qui tourne, s'ébranlent en même temps. On ſe conformera pour ce mouvement aux principes qui ſont établis dans les Principes généraux pour les manœuvres à cheval, avec cette différence que le Cavalier du pivot parcourra un quart de cercle de deux tiers plus petit que celui qui eſt déterminé à cheval.

Tous les Officiers, bas Officiers & Cavaliers, partiront

du pied gauche, pour toutes ſortes de pas; ils auront toujours l'attention de marcher avec la plus grande exactitude, & de s'aligner comme il eſt preſcrit pour les manœuvres à cheval; ils tiendront, en marchant, la tête haute, le corps droit & le jarret tendu, la pointe du pied baſſe & tournée un peu en dehors, en raſant ſans affectation le terrain ſur lequel on marche; ils lèveront, autant qu'il ſera poſſible, le pied tous enſemble, & ils le poſeront à terre, de manière que chaque partie y appuie en même temps, le corps reſtant toujours en équilibre ſucceſſivement ſur chaque jambe, ſans frapper peſamment contre terre, excepté au commandement *halte*, que le pied qui eſt en arrière ſe portera ſur l'alignement de celui qui eſt déjà en avant; ils conſerveront leurs rangs bien droits, ſans entr'ouvrir jamais leurs files ni leurs rangs, & pour y parvenir, ils ſe conformeront à ce qui eſt preſcrit à cet égard dans les Principes généraux pour les manœuvres à cheval; enfin ils porteront leurs armes avec préciſion & de manière qu'elles ne chancellent pas, & la main dont ils ne ſe ſerviront pas reſtera collée à la cuiſſe.

Lorſqu'en marchant le pas ordinaire, on voudra faire doubler le pas, on commandera *marche, marche*, qui ſignifiera de marcher au pas redoublé; lorſqu'enſuite on voudra faire marcher le pas ordinaire, on commandera ſimplement *marche*, qui ſervira de ſignal pour marcher le pas ordinaire.

Le pas en arrière s'exécutera en portant ſucceſſivement chaque pied en arrière au lieu de le porter en avant, mais ſeulement par le pas ordinaire.

Lorſque le régiment étant en bataille à pied, on voudra lui faire ouvrir les rangs, ſi c'eſt en avant, le Commandant fera les commandemens ſuivans:

1.

Prenez garde à vous.

2.

2.

Ouvrez vos rangs en avant.

3.

Marche.

Le premier rang partira seul, marchant le pas ordinaire, & s'arrêtera après avoir fait quatre pas.

Si le régiment doit marcher ensuite, le Commandant dira une seconde fois, *marche*, & les deux rangs s'ébranleront ensemble.

Si c'est en arrière qu'on veut faire ouvrir les rangs, le Commandant fera les commandemens suivans:

1.

Prenez garde à vous.

2.

Ouvrez vos rangs en arrière.

3.

Marche.

A ce commandement, le premier rang ne bougera, le second rang partira seul, marchant le pas ordinaire en reculant, & ne s'arrêtera qu'après avoir fait quatre pas.

Pour serrer les rangs en avant, on commandera:

1.

Prenez garde à vous.

2.

Serrez vos rangs en avant.

3.

Marche.

A ce commandement, le premier rang ne bougera, le

second rang serrera sur le premier, en faisant quatre pas en avant.

Si au contraire, c'est en arrière qu'on veut serrer les rangs, le Commandant dira:

1.

Prenez garde à vous.

2.

Serrez vos rangs en arrière.

3.

Marche.

A ce commandement, le second rang ne bougera, le premier rang partira seul du pied gauche, marchant le pas ordinaire en reculant, & s'arrêtera après avoir fait quatre pas.

Lorsque les rangs étant ouverts, on voudra doubler les files en arrière, par un Cavalier d'intervalle, on suivra ce qui est prescrit à la seizième manœuvre pour mettre pied à terre; mais au troisième commandement, au lieu de dire, *bride en main*, on commandera *en arrière*, & aussitôt les Cavaliers qui doivent reculer, feront deux pas en arrière, ils reprendront ensuite leurs rangs lorsqu'on leur en fera le commandement.

DE L'ASSEMBLÉE D'UN RÉGIMENT À CHEVAL.

LORSQU'ON sonnera la charge, les Cavaliers brideront leurs chevaux (& si l'on doit partir ils les chargeront), & chaque Brigadier rassemblera son escouade pour examiner s'il ne manque rien aux hommes ni aux chevaux, ainsi qu'à toutes les parties de l'armement, de l'habillement, de l'équipement & de l'harnachement, & il la conduira ensuite au rendez-vous de la compagnie où se trouveront les Maréchaux-des-logis, le Fourrier, de même que le Lieutenant & le Sous-lieutenant, comme il a été prescrit ci-devant à l'égard de l'assemblée à pied, pour y faire l'appel de leur division, la faire monter à cheval & la faire former en haie, en faire un nouvel examen & voir s'il n'y manque rien en tout point, si les chevaux sont bien ferrés, bien pansés, bien sellés, bien chargés, s'ils sont bien bridés & bien gourmés, s'il n'y a point de courroies pendantes, si les étrivières ne sont point tortillées, si la housse & les chaperons sont bien placés & nettoyés; en un mot si les Cavaliers sont de la plus grande propreté, entrant à cet égard dans tous les détails prescrits pour l'inspection à pied.

Chaque Capitaine étant arrivé immédiatement après la charge sonnée, au rendez-vous de sa compagnie, qu'il trouvera déjà disposée par subdivision & division sur un seul rang & à cheval, il en fera une nouvelle inspection de la manière suivante.

Toutes les fois qu'un régiment sera en route, ou qu'il partira d'un camp, on ne fera monter les Cavaliers à cheval qu'au moment qu'on sonnera *à cheval*, & on ne fera point les commandemens de l'inspection.

DE L'INSPECTION À CHEVAL.

Prenez garde à vous pour l'inspection.

I.

Ajustez vos rênes.

En deux temps: au premier, on les prendra au-dessus & tout près de la main gauche, avec le pouce & le premier doigt de la main droite, le pouce en dedans, on coulera ces deux doigts jusqu'au bouton, qu'on élèvera perpendiculairement devant soi, au-dessus de la main gauche, dont on ouvrira un peu les doigts, pour laisser couler les rênes, la main droite s'élevant en même temps plus haute d'un demi-pied que le coude.

Au deuxième, on laissera tomber les rênes à droite, & la main se replacera sur la cuisse.

2.

Dégagez le mousqueton.

En un temps: saisissant le mousqueton à quatre doigts au-dessus de la platine, on le tirera à soi pour le faire sortir de la botte, & on coulera la main droite par-dessus la platine, pour le tenir à la poignée, par-devant la courroie du porte-crosse.

3.

Haut le mousqueton.

En un temps: on élèvera le mousqueton pour appuyer la crosse sur la cuisse, le bout en haut, & vis-à-vis l'épaule droite.

4.

Passez le mousqueton du côté du sabre.

En deux temps: au premier, on passera la crosse à gauche, entre les rênes & le corps, la platine en avant, étendant le bras droit dans toute sa longueur, & la main gauche le saisira à quatre doigts au-dessus de la platine, le pouce gauche sur le canon.

Au deuxième, plaçant la crosse entre la fonte & l'épaule du cheval, on saisira de la main droite le mousqueton à un doigt du bout du canon, & on dégagera la baguette comme il est dit à pied.

5.

Mettez la baguette dans le canon.

En quatre temps: au premier, on tirera la baguette hors des tenons jusqu'à moitié de sa longueur, en alongeant le bras droit brusquement, & renversant ensuite la main, on empoignera la baguette près du bout du canon.

Au deuxième, on achèvera de tirer vivement la baguette pour la tenir parallèle du côté droit, & à quatre doigts

doigts de distance du canon, le gros bout en bas, sans l'appuyer sur le ceinturon, la main à même hauteur que le bout du canon.

Au troisième, on portera la baguette de biais au bout du canon, dans lequel on la fera entrer jusqu'à ce que la main touche le bout du canon.

Au quatrième, on laissera tomber la baguette dans le canon, la main se replaçant à un doigt du bout du mousqueton.

Le Capitaine parcourra ensuite le front de sa compagnie, pour examiner les mousquetons & voir s'ils sont chargés ou non, après quoi il commandera:

6.

Remettez la baguette en son lieu.

En quatre temps: au premier, comme au premier temps du troisième commandement de l'inspection à pied.

Au deuxième, comme au deuxième temps du même commandement, à l'exception que le haut du poignet sera à même hauteur que le canon.

Au troisième, on fera entrer la baguette dans les tenons jusqu'à moitié de sa longueur, & on alongera le bras, pour porter le creux de la main sur le gros bout de la baguette.

Au quatrième, on enfoncera la baguette d'un seul coup de main, qu'on replacera à un doigt du bout du canon.

7.

Haut le mousqueton.

En deux temps: au premier, on élèvera de la main gauche le mousqueton, & de la droite on le saisira à la poignée, passant la crosse entre les rênes & le corps, pour le tenir horizontalement ou armes plates.

Au deuxième, en élevant de la main droite le mousqueton & le quittant de la main gauche, on portera la crosse sur le plat de la cuisse, le bout en haut & vis-à-vis l'épaule droite.

8.

Remettez le mousqueton en son lieu.

En deux temps: au premier, on élèvera de la main droite le mousqueton pour le tenir perpendiculaire vis-à-vis & à un pied de distance de l'épaule droite, la main à hauteur de l'épaule, la sougarde en avant.

Au deuxième, on baissera le bout du mousqueton en déployant le bras de toute sa longueur, on engagera la crosse dans sa courroie & on fera entrer le bout du canon dans sa botte.

9.

Prenez le pistolet.

En deux temps: au premier, on portera la main droite par-dessus les rênes sur la crosse du pistolet gauche.

Au deuxième, on le tirera de la fonte, & on le placera dans la main gauche, le tenant à la poignée & perpendiculaire, la platine en avant

10.

Mettez la baguette dans le canon.

En un temps: on tirera la baguette & on la mettra dans le canon.

11.

Prenez le pistolet.

En deux temps: au premier, on portera la main droite sur le pistolet droit, plaçant les doigts entre la crosse & la selle, les ongles en dessous.

Au deuxième, on le tirera de la fonte en le retournant, & on le placera à côté de l'autre pour le tenir avec la main gauche, en passant les doigts dans la sougarde.

12.

Mettez la baguette dans le canon.

En un temps: on tirera la baguette & on la mettra dans le canon, après quoi reprenant le pistolet avec la main droite à la poignée, on les tiendra tous les deux au-dessus du pommeau de la selle, les platines en avant.

Ces mouvemens étant exécutés, le Capitaine parcourra le front de sa compagnie pour examiner si les pistolets sont en état & s'ils sont chargés ou non.

Cet examen fini, le Capitaine commandera:

13.

Remettez les baguettes.

En deux temps: au premier, on replacera les deux pistolets dans la main gauche, comme il vient d'être prescrit à la fin du onzième commandement, & on remettra la baguette du pistolet droit en son lieu.

Au deuxième, on remettra de même la baguette du pistolet gauche en son lieu, & on reprendra le pistolet droit de la main droite.

14.

Remettez les pistolets.

En deux temps: au premier, on remettra le pistolet droit dans la fonte gauche par-dessus les rênes.

Au deuxième, on remettra le pistolet gauche dans la fonte droite, & la main droite se placera sur la cuisse.

15.

Dégagez le sabre.

En un temps: on portera la main droite par-dessus les rênes en regardant à gauche, on passera le poignet dans le cordon, & on prendra le sabre à la poignée pour dégager la lame d'environ quatre doigts du fourreau.

16.

Sabre à la main.

En un temps: on tirera vivement le sabre pour le porter à l'épaule droite, le dos de la lame appuyé contre l'épaule, le poignet un peu plus bas que la main gauche, le petit doigt derrière la poignée, & on retournera la tête à droite.

Ce dernier commandement étant exécuté, le Capitaine parcourra encore une fois le front & la queue de sa compagnie, & il examinera avec attention toutes les parties de l'habillement & de l'harnachement, entrant à cet égard dans tous les détails prescrits ci-devant à l'assemblée des compagnies, & ne négligeant rien de tout ce qui peut avoir rapport à la tenue & à la conservation de sa troupe.

A mesure que le Capitaine s'arrêtera devant chaque Cavalier, ledit Cavalier présentera le sabre en trois temps, ainsi qu'il est prescrit pour l'inspection à pied.

Le Capitaine ayant fait ce dernier examen, commandera:

17.

Remettez le sabre.

En trois temps: comme au huitième commandement de l'inspection à pied, observant que la main gauche ne quitte point les rênes.

18.

Ajustez vos rênes.

En deux temps: comme au premier commandement de cette inspection.

Tous ces commandemens étant exécutés & l'inspection du Capitaine étant finie, il fera égaliser les divisions & fera les commandemens nécessaires pour former sa compagnie sur deux rangs par division, se conformant à cet égard à ce qui est prescrit à la quinzième manœuvre indiquée pour border la haie à cheval & se remettre sur deux rangs; toutes ces dispositions étant faites, il se mettra à la tête de sa compagnie, ainsi que le Lieutenant & le Sous-lieutenant, pour la conduire au lieu d'assemblée générale du régiment, où devront se trouver les Officiers-majors & le Commandant du Corps, lequel fera une inspection générale du régiment, s'il le juge à propos.

Planche II, *Figure 8.*

propos. Si au contraire ledit Commandant du Corps ne le juge pas à propos, les Porte-étendards iront ſe placer ſur un ſeul rang, à quatre pas en avant & à la droite de la première compagnie, ayant à leur droite les Trompettes, le Quartier-maître & les quatre Cavaliers deſtinés à l'eſcorte des timbales : cette première diſpoſition étant faite, un Officier-major conduira les Porte-étendards, précédés de l'eſcorte des timbales & des trompettes pour les porter vis-à-vis la demi-compagnie ou diviſion qui devra former l'eſcorte des étendards; alors le Lieutenant ou Sous-lieutenant, Commandant de cette diviſion, lui fera les commandemens néceſſaires pour la faire rompre par trois ou par quatre, & mettre cette troupe en marche dans l'ordre ſuivant :

PLANCHE I.re *Figure 7.*

Le Quartier-maître.

Les quatre Cavaliers d'eſcorte des timbales ſur un ou deux rangs.

La moitié des Trompettes ſur un rang.

Le Timbalier.

L'autre moitié des Trompettes ſur un rang.

Trois ou quatre Cavaliers ſur un rang.

Les quatre Porte-étendards ſur deux rangs.

Le Commandant du détachement ſuivi de ſa troupe, marchant par trois ou par quatre, & un Maréchal-des-logis en ſerre-file.

L'Aide-major ou Sous-aide-major qui accompagnera ce détachement, n'aura aucune place fixe.

Cette troupe marchera dans cet ordre & ſans ſonner, juſqu'à l'endroit où ſeront les étendards & les timbales; & dès qu'elle y ſera arrivée, le Commandant du détachement la fera former ſur un rang, les Porte-étendards & le Timbalier prendront enſuite les étendards & les timbales; alors le Commandant de la troupe fera les commandemens néceſſaires pour faire mettre le ſabre à la main (à l'exception des quatre Cavaliers de l'eſcorte des timbales qui feront l'avant-garde, leſquels auront le mouſqueton haut), & il conduira les étendards & les timbales au régiment dans le même ordre qu'il eſt venu les chercher, les Trompettes ne cessant de sonner qu'après leur arivée au régiment.

A l'approche des étendards & à cinquante pas, le Commandant du régiment sera mettre le sabre à la main; les étendards passeront devant tout le front du régiment & seront salués, ils reviendront ensuite par-derrière, suivis de leur escorte, pour prendre chacun la place qui leur est indiquée ci-dessus à la formation d'un régiment; la division qui les aura escortés ira de même reprendre sa place, ainsi que les quatre Cavaliers attachés à l'escorte des timbales, qui iront se replacer avec le Timbalier, à la droite du premier escadron, les Trompettes iront en même temps reprendre leur place aussi à la droite du premier escadron, ou chacun à la droite de leur escadron, suivant que le Commandant l'ordonnera.

Si les étendards étoient trop éloignés du lieu d'assemblée du régiment, le Commandant avant de le faire monter à cheval, feroit assembler les Porte-étendards, le Timbalier & les Trompettes, ainsi que la division qui doit les escorter, pour aller chercher les étendards, après quoi il feroit assembler le régiment pour les recevoir.

Dans les camps, lorsqu'un régiment devra monter à cheval, les Porte-étendards prendront simplement les étendards & iront occuper leurs places.

Dès que les Porte-étendards & leur escorte auront repris leur place, le Commandant fera serrer les rangs s'ils sont ouverts, & fera les commandemens nécessaires pour rompre le régiment & le mettre en marche, se conformant à ce qui a été réglé ci-dessus à l'égard de l'assemblée à pied, pour se rendre du lieu de l'assemblée générale du régiment sur le terrain d'exercice, pour s'y former en bataille & y être prêt à s'exercer.

OBSERVATIONS

ſur le maniement des armes à cheval.

ON obſervera dans le maniement des armes à cheval, le même ſilence & les mêmes repos que dans le maniement des armes à pied.

Les Cavaliers d'un même rang s'aligneront enſemble de manière que les fontes ſoient ſur la même ligne & qu'ils ſoient aſſez près les uns des autres pour que les bottes ſe touchent ſans ſe preſſer, comme on l'a déjà preſcrit ci-devant.

Les Cavaliers du ſecond rang auront de plus l'attention d'être ſur la direction de leur chef-de-file, & de conſerver la diſtance preſcrite d'un rang à l'autre.

DU MANIEMENT DES ARMES À CHEVAL.

LORSQUE le Commandant jugera à propos de faire faire le maniement des armes à cheval, il fera ſerrer les eſcadrons ſur le centre du régiment, & ſe portera à trente pas en avant de la troupe, & après qu'il y aura fait face, s'il veut faire ouvrir les rangs, il fera les commandemens indiqués ci-devant pour ouvrir les rangs à pied, après quoi il fera cet avertiſſement:

Prenez garde à vous pour le maniement des armes.

A cet avertiſſement, tous les Officiers & Fourriers mettront le ſabre à la main, s'ils ne l'ont pas déjà, & le porteront à l'épaule droite.

Le Commandant fera enſuite ſonner *deux appels*, au premier deſquels les Commandans d'eſcadron, tous les Officiers du premier rang & les deux hommes-d'aile ſe porteront en avant, les Capitaines & Fourriers de ſerre-file, & les Sous-lieutenans du ſecond rang en arrière, ainſi qu'il eſt preſcrit ci-deſſus pour le maniement des armes à pied.

Le Lieutenant-colonel, le Major & les Officiers-majors ſe placeront auſſi de la même manière que pour le maniement des armes à pied.

Au deuxième *coup d'appel*, tous ces Officiers & Fourriers feront *demi-tour à droite* pour faire face à leur troupe, ſans quitter leur place, & porteront le ſabre pendant toute la durée du maniement des armes, les deux hommes-d'aile feront *à droite* & *à gauche* pour ſe faire face ainſi qu'il a été preſcrit pour le maniement des armes à pied.

Toutes ces diſpoſitions étant faites, le Commandant fera les commandemens ſuivans, dont il n'annoncera à la voix que le premier, auquel l'homme-d'aile de la droite devra partir bruſquement pour commencer le maniement des armes & le continuer enſuite, ſans attendre d'autre commandement; le maniement des armes à cheval, comme à pied, devant être fait à la muette toutes les fois que l'on exerce enſemble un eſcadron ou un régiment.

COMMANDEMENS POUR LE MANIEMENT DES ARMES À CHEVAL.

1.

Ajuſtez vos rênes.

En deux temps : comme au premier commandement de l'inſpection à cheval.

2.

Dégagez le mouſqueton.

En un temps : comme au ſecond commandement de l'inſpection à cheval.

3.

3.

Haut le mouſqueton.

En un temps : on élèvera le mouſqueton pour reporter la croſſe ſur la cuiſſe, le bout haut & vis-à-vis l'épaule droite.

4.

Apprêtez le mouſqueton.

En un temps : on armera le mouſqueton avec le pouce, ſans le ſecours de la main gauche, en tirant le chien en arrière, juſqu'à ce qu'on l'ait entendu ſe loger dans le cran, le premier doigt ſur la ſougarde.

5.

En joue.

En un temps : on portera de la main droite la croſſe du mouſqueton à l'épaule droite, & pour ſoutenir le mouſqueton, on avancera la main gauche vers la tête du cheval ſans alonger ni quitter les rênes.

6.

Feu.

En un temps : on appuiera le premier doigt ſur la détente, ſans baiſſer la tête ni faire aucun mouvement.

7.

Retirez vos armes.

En un temps : on laiſſera tomber le mouſqueton horizontalement ou arme plate ſur la main gauche, dont on le ſaiſira près de la partie ſupérieure de la platine, le pouce ſur le canon, le pouce droit ſur le chien & le premier doigt ſur la détente.

8.

Mettez le chien en ſon repos.

En un temps : on relèvera le chien avec le pouce juſqu'à ce qu'il s'arrête dans le premier cran, & la main droite reſtera à la même poſition.

9.

Prenez la cartouche.

En un temps : on portera brusquement la main au porte-cartouche pour en tirer la cartouche.

10.

Déchirez la cartouche.

En deux temps : au premier, on la portera vivement à la bouche pour la déchirer avec les dents.

Au deuxième, on la portera près du bassinet.

11.

Amorcez.

En un temps : on remplira le bassinet de poudre, après quoi l'on placera les deux derniers doigts de la main droite derrière la batterie, tenant la cartouche droite entre le pouce & le premier doigt.

12.

Fermez le bassinet.

En un temps : on fermera le bassinet avec les deux derniers doigts ; on reportera ensuite la main droite derrière la platine, saisissant la poignée entre les deux derniers doigts & la paume de la main.

13.

Passez le mousqueton du côté du sabre.

En deux temps : au premier, on fera passer la crosse à gauche entre les rênes & le corps, tournant la platine en dessus, le canon en avant, contenant toujours le mousqueton de la main gauche, sans quitter les rênes ni pancher la cartouche.

Au deuxième, plaçant la crosse entre la fonte & l'épaule du cheval, on saisira, avec les deux derniers doigts de la main droite, le mousqueton à un doigt du bout du canon.

14.

Mettez la cartouche dans le canon.

En un temps : on mettra la cartouche dans le canon, & on saisira ensuite la baguette avec le pouce & le premier doigt de la main droite, plaçant le pouce alongé le long du gros bout de la baguette, le premier doigt ployé, & le coude près du corps.

15.

Tirez la baguette.

En deux temps : comme aux deux premiers temps du cinquième commandement de l'inspection à cheval.

16.

Bourrez.

En trois temps : au premier, on fera entrer la baguette d'environ six pouces dans le canon, & coulant ensuite la main le long de la baguette, on alongera le bras de toute sa longueur, pour la saisir par le petit bout avec le pouce & le premier doigt.

Au deuxième, on enfoncera la baguette dans le canon sans la quitter, & la ressortant tout de suite jusqu'à moitié de sa longueur, on la saisira par le milieu près du bout du canon, la main renversée, les ongles en dessous.

Au troisième, on achèvera de la tirer pour la tenir parallèle au canon & à quatre doigts de distance, le petit bout en bas sans l'appuyer sur le ceinturon, le haut du poignet à même hauteur que le bout du canon.

17.

Remettez la baguette en son lieu.

En deux temps : comme aux troisième & quatrième temps du sixième commandement de l'inspection à cheval.

18.

Haut le mousqueton.

En deux temps : comme au septième commandement de l'inspection à cheval.

19.

Mousqueton à la grenadière.

En deux temps : au premier, on élèvera le mousqueton en travers au-dessus de la tête, la platine en dessus, on passera tout de suite la tête & le bras droit entre la grenadière & le mousqueton, qu'on laissera tomber à droite, la main droite appuyée sur la crosse.

Au deuxième, on poussera de la main droite la crosse en arrière, & cette main se replacera sur la cuisse droite.

20.

Pistolet à la main.

En deux temps : au premier, on prendra par-dessus les rênes, avec la main droite, le pistolet gauche à la crosse pour le dégager de la fonte.

Au deuxième, on le tirera de la fonte & on le portera sur la main gauche dont on l'empoignera, le bout un peu élevé vers l'oreille gauche du cheval, le pouce sur le canon ; on placera le pouce de la main droite sur le chien & le premier doigt sur la partie supérieure de la sougarde.

21.

Apprêtez le pistolet.

En deux temps : au premier, on armera le pistolet avec le pouce de la main droite, le tenant toujours de la gauche.

Au deuxième, on l'élèvera le bout en haut, le bras demi-tendu, le poignet à la hauteur de l'œil droit, la sougarde en avant.

22.

En joue.

En un temps : en alongeant le bras en avant, on passera le premier doigt sur la détente, on visera le long du canon, tenant la sougarde en dessous, mais inclinée un peu à droite, le bout du pistolet directement devant soi plus bas que le poignet.

23.

Feu.

En un temps : on appuiera le premier doigt ſur la détente, ſans faire aucun mouvement de tête.

24.

Retirez vos armes.

En deux temps : au premier, on reportera le piſtolet ſur la main gauche dont on le ſaiſira près de la partie ſupérieure de la platine, le pouce ſur le canon, on relèvera le chien avec le pouce de la main droite, pour le mettre en ſon repos, & on fermera la batterie avec les deux premiers doigts.

Au deuxième, on remettra le piſtolet dans la fonte, & on reportera la main droite ſur la cuiſſe.

25.

Piſtolet à la main.

26.

Apprêtez le piſtolet.

27.

En joue.

28.

Feu.

29.

Retirez vos armes.

Comme aux 20e, 21e, 22e, 23e & 24e commandemens précédens; obſervant lorſqu'on prendra le piſtolet droit, de placer les doigts entre la croſſe & la ſelle, les ongles en deſſous.

30.

Ajuſtez vos rênes.

En deux temps : comme au premier commandement.

31.

Dégagez le ſabre.

En un temps : comme au quinzième commandement de l'inſpection à cheval.

32.

Sabre à la main.

En un temps : comme au ſeizième commandement de l'inſpection à cheval.

33.

Haut le ſabre.

En un temps : on portera le ſabre preſqu'horizontal à ſix pouces environ au-deſſus & en avant de la tête, paſſant le petit doigt ſur la poignée, le tranchant de la lame en avant, la poignée vis-à-vis l'épaule droite, la pointe du ſabre un peu en avant & plus haute d'un pied & demi que la poignée.

34.

Portez le ſabre.

En un temps : on le portera à l'épaule droite, comme il a été preſcrit ci-devant, le petit doigt ſe replaçant derrière la poignée.

35.

Remettez le ſabre.

En trois temps : comme au huitième commandement de l'inſpection à pied, obſervant de ne point ſe ſervir de la main gauche, qui doit reſter occupée à tenir les rênes.

36.

Haut le mouſqueton.

En trois temps : au premier, on portera la main droite ſur la croſſe.

Au deuxième, on tirera le mouſqueton en avant, on

passera tout de suite le bras droit entre le corps & le mousqueton qu'on saisira par-dessous à la poignée ; on le passera en travers par-dessus la tête pour le tenir perpendiculaire vis-à-vis & à un pied de distance de l'épaule droite, la main droite à hauteur de l'épaule, la sougarde en avant.

Au troisième, on appuiera la crosse sur la cuisse, le bout en haut & vis-à-vis l'épaule droite.

37.

Remettez le mousqueton en son lieu.

En deux temps : comme au huitième commandement de l'inspection à cheval.

38.

Ajustez vos rênes.

En deux temps : comme au premier commandement de l'inspection à cheval.

Le maniement des armes étant fini, si le Commandant ne juge pas à propos de le faire recommencer, il fera serrer les rangs s'ils sont ouverts, & commandera :

Messieurs les Officiers & bas Officiers, à vos postes.

A ce commandement, les deux hommes-d'ailes feront *à droite & à gauche.*

Il fera ensuite sonner un *appel*, auquel tous les Officiers, Fourriers & les deux hommes-d'ailes, partiront tous ensemble, pour aller reprendre chacun la place qu'ils occupoient avant la disposition pour le maniement des armes.

PRINCIPES GÉNÉRAUX pour les Manœuvres.

POUR faire manœuvrer une troupe, il faut être instruit des principes généraux sur lesquels les manœuvres doivent être réglées.

Un rang est formé de plusieurs hommes à côté les uns des autres.

Une file est formée de plusieurs hommes les uns derrière les autres.

Pour connoître & évaluer le front & la profondeur d'une troupe, il est nécessaire de savoir que chaque cheval monté occupe en épaisseur le tiers de sa longueur; cette épaisseur est un peu moins de trois pieds, mais pour éviter les fractions, & arriver au même but, par un calcul plus aisé, on la suppose à trois pieds ou à un grand pas; par conséquent une troupe de douze hommes de front occupe douze pas de front, & les deux rangs occupent six pas de profondeur, sur lesquels il se trouve l'espace nécessaire d'un rang à l'autre pour que le second rang puisse marcher sans donner d'atteintes.

Les hommes d'un même rang doivent être alignés, de manière que les fontes soient sur la même ligne, & assez près les uns des autres pour que les bottes se touchent sans se presser.

Chaque Cavalier, pour être bien aligné, ne doit point voir le rang ni par-devant, ni par-derrière, il ne doit voir que son voisin de la droite, lorsqu'on s'aligne à droite, sans faire attention à sa gauche; & par le même principe, il ne doit voir que son voisin de la gauche, quand on s'aligne à gauche, sans faire attention à sa droite, il doit donner un coup d'œil sur les fontes de son voisin, sans porter le corps en avant pour voir le rang, les fontes de chacun étant bien alignées, les rangs le seront aussi.

Les

Les Cavaliers du ſecond rang doivent avoir de plus l'attention d'être ſur la direction de leur chef-de-file.

Toute diviſion deſtinée à manœuvrer, doit avoir plus ou moins de front, relativement à la quantité de rangs dont elle eſt compoſée; elle doit avoir un peu plus de front que de profondeur, lorſqu'on n'eſt formé que ſur deux rangs, quoiqu'à la rigueur il ſoit poſſible de ſe mouvoir de droite & de gauche ſur un front égal à la profondeur, c'eſt-à-dire ſur ſix hommes de front.

Mais lorſqu'on eſt formé ſur trois rangs, il faut que le front excède au moins d'un tiers la profondeur, c'eſt-à-dire qu'une diviſion ne peut être au-deſſous de douze hommes de front.

La diſtance entre les rangs ouverts à cheval, ſera de quatre grands pas, ou de douze pieds, & lorſque les rangs ſeront ſerrés il n'y aura qu'un petit pas de diſtance d'un rang à l'autre; l'on a déjà ci-devant donné des règles là-deſſus.

La diſtance ordinaire d'un eſcadron à l'autre, ne ſera que de la moitié du front d'un eſcadron, elle ne ſera pas plus conſidérable d'un régiment à un autre, mais les eſcadrons qui ſeront en ſeconde ou troiſième ligne, conſerveront au moins une diſtance égale à leur front.

Lorſqu'on voudra faire manœuvrer une troupe de Cavalerie, on fera mettre le mouſqueton à la grenadière.

Chaque commandement, pour faire mouvoir une troupe, ſera précédé de cet avertiſſement, *Prenez garde à vous*, qui ſervira de ſignal aux Cavaliers pour raſſembler leurs chevaux, & prêter la plus grande attention.

Ils ne ſe mettront en mouvement qu'au mot *marche*, & ne s'arrêteront qu'au mot *halte;* par ce principe ils continueront de marcher en avant après un quart de converſion; mais on commandera néanmoins (un peu avant le mouvement achevé) une ſeconde fois, *marche*,

p

pour que le pivot ſoit averti du moment où il doit ſe porter en avant du même pas que l'aile qui a tourné.

La première règle pour rompre un régiment & pour le faire marcher, eſt de s'éloigner le moins qu'il eſt poſſible de l'ordre de bataille, en conſéquence on ſe rompra toujours par le plus grand front que le terrain permettra de marcher, & l'on préfèrera les manœuvres diagonales, par leſquelles on peut le plus promptement & avec le moins de chemin ſe rompre & ſe reformer; ce principe ſera conſidéré relativement au front de la troupe par laquelle on devra ſe rompre, proportionnellement à la diſtance progreſſive où chacune d'elles ſe trouve de la troupe qui doit marcher directement en avant; c'eſt pourquoi il eſt néceſſaire de lui preſcrire les bornes ſuivantes.

Lorſqu'on défilera en avant par un, deux, trois ou quatre, toutes les diviſions du premier eſcadron ſe rompront ſucceſſivement en détail pour marcher obliquement ſur la direction du premier rang de la colonne, & les trois autres eſcadrons ſe porteront ſucceſſivement & en détail ſur le terrain qu'occupoit la dernière diviſion du premier eſcadron, pour marcher enſuite ſur ſa direction.

Lorſqu'on ſe rompra en avant par diviſion, les trois dernières diviſions du premier eſcadron, & toutes celles du ſecond, ſe porteront diagonalement en avant ſur la direction de la première diviſion de la colonne; mais toutes les diviſions du troiſième & du quatrième eſcadron ſe porteront ſucceſſivement ſur le terrain qu'occupoit la dernière diviſion du ſecond eſcadron, pour marcher enſuite ſur ſa direction.

Lorſqu'on ſe rompra en avant par compagnie, ce principe s'étendra juſqu'à la compagnie de la gauche du troiſième eſcadron qui ſe rompra diagonalement; mais les deux compagnies du quatrième eſcadron ſe porteront ſucceſſivement ſur le terrain qu'occupoit la compagnie de la gauche du troiſième eſcadron, pour marcher enſuite ſur ſa direction.

Lorſqu'enfin on ſe rompra en avant par eſcadron, les trois eſcadrons de la gauche ſe porteront diagonalement ſur la direction du premier eſcadron.

Dans le cas où il y auroit plus de quatre eſcadrons en ligne, le cinquième & les ſuivans ſe porteroient ſucceſſivement ſur le terrain qu'occupoit le quatrième eſcadron, pour marcher enſuite ſur ſa direction.

Toutes les fois qu'on marchera en colonne, les files des ailes de chaque diviſion, ſeront toujours alignées par la droite ou par la gauche, ſur celle de la première diviſion de la tête de la colonne, vers le côté par lequel on ſe ſera rompu, ou qu'on aura tourné en dernier lieu en marchant; ces mêmes files qui n'auront d'autre attention que de bien marcher à leur direction & à leurs diſtances, ſerviront chacune de guide à leur rang pour être aligné ſoit par la droite ou par la gauche, ſelon le côté où l'on aura tourné.

Lorſqu'on s'alignera à droite, les Cavaliers de chaque rang fermeront la jambe droite en ſoutenant la main à gauche, pour ne point ſe ſerrer ſur leur guide, ils ſe conformeront aux mêmes principes par des moyens contraires, lorſqu'on s'alignera à gauche.

Lorſque pour une revue, on défilera en colonne, les Cavaliers auront pour ce moment la tête tournée du côté de la perſonne devant laquelle on défilera.

Toutes les fois qu'une troupe ſeule marchera en avant, les Cavaliers s'aligneront à droite ſur la file droite, qui ſervira de guide à toute la troupe, cette file obſervant de marcher bien droit devant elle, d'avoir l'œil ſur le Commandant, & de laiſſer toujours deux pas de diſtance de ce Commandant au premier rang de la troupe; la file de la droite du ſecond rang ſervira pareillement de guide à ce rang, & n'aura d'autre attention que de marcher à ſon chef-de-file & à ſa diſtance.

Lorſqu'un régiment étant en colonne, ſe formera en bataille, chaque troupe s'alignera en arrivant ſur la première troupe qui ſe ſera formée, ſoit par la droite, par la gauche ou ſur le centre; mais lorſqu'enſuite cette ligne devra marcher en avant, les eſcadrons de la droite ſe règleront ſur la gauche, & ceux de la gauche ſe règleront ſur la droite, afin de s'aligner tous entr'eux ſur le centre.

Lorſque les quatre eſcadrons d'un régiment, marcheront de front en bataille, la file de la gauche du ſecond eſcadron, & la file de la droite du troiſième eſcadron ſeront chargées d'obſerver, de concert enſemble, la diſtance preſcrite entre ces deux eſcadrons, en ſoutenant ferme ſur leur rang, ſi la diſtance ſe rétréciſſoit, ou en abandonnant leur rang ſi elle s'élargiſſoit. La file de la gauche du premier eſcadron ſera ſeule chargée d'obſerver la diſtance de ſon eſcadron au ſecond, & la file de la droite du quatrième eſcadron ſera de même chargée d'obſerver ſeule la diſtance qu'il doit y avoir de ſon eſcadron au troiſième, en ſe conformant à ce qui vient d'être preſcrit pour chacune des deux files du centre. Les Cavaliers de chaque eſcadron devant s'aligner ſur ce guide, auront attention, lorſque les files ſeront trop ouvertes, de les reſſerrer du côté de leur guide; & lorſqu'elles ſeront trop ſerrées, de les ouvrir du côté oppoſé. Les Commandans de chaque eſcadron veilleront avec ſoin à l'obſervation de ce principe.

Pour tous les pas obliques, les Cavaliers s'aligneront obliquement ſur la file du côté où l'on ſe portera, c'eſt-à-dire que ſi l'on ſe porte vers la droite, on s'alignera à droite, la file de la droite ſera un peu plus avancée que la file de la gauche.

Lorſque pour quelque raiſon que ce ſoit, on voudra faire ouvrir les files par compagnie ou eſcadron, en les ſuppoſant en colonne, les Cavaliers s'aligneront de la manière ſuivante.

Lorſqu'on ouvrira les files ſur la droite, la file de la gauche

gauche ne bougera, & tous les Cavaliers ſe règleront ſur elle en ſe portant du côté oppoſé, pour s'y aligner & s'arrêter à meſure que leur voiſin qui eſt vers la gauche fera *halte*, & qu'ils en ſeront à un pas de diſtance, le même point d'alignement ſervira pour reſſerrer les files ſur la gauche.

Lorſqu'on ouvrira les files ſur la gauche, on ſe conformera au même principe par les moyens contraires.

Lorſqu'enfin on ouvrira les files vers les ailes, & qu'on les reſſerrera enſuite ſur le centre, les Cavaliers ſe règleront ſur le centre.

Quand on marchera en colonne, les Officiers & bas Officiers, ſeront tenus de marcher dans le plus grand ordre, & d'avoir l'œil à ce que les Cavaliers de leur diviſion ne ſe négligent point, qu'ils obſervent le plus grand ſilence, & qu'ils marchent ſerrés dans les rangs comme ils doivent l'être; le guide de chaque troupe aura attention de ne pas laiſſer plus de diſtance du premier rang de ſa troupe, au premier rang de celle qui la précède, qu'il n'en faut à cette troupe pour ſe remettre en bataille; le Commandant de chaque troupe y aura la plus grande attention, & à ce que le ſecond rang ſoit toujours ſerré ſur le premier, autant qu'il ſera poſſible, ſans que les chevaux ſe bleſſent.

Lorſqu'une troupe défilera par un, deux, trois ou quatre, on n'obſervera point de diſtance entre les rangs, ni entre les diviſions, compagnies & eſcadrons.

Quand une troupe ſera en colonne & qu'elle aura fait *halte*, toutes les diviſions ſe mettront en mouvement au commandement, *Marche*, pour conſerver toujours la même diſtance entr'elles

Si cette même colonne devoit ſe former en bataille, en avant ou ſucceſſivement ſur la droite, le Commandant ordonneroit auparavant de n'obſerver qu'une demi-diſtance entre chaque troupe, afin d'arriver en bataille avec plus de célérité.

Si les troupes de la queue d'une colonne ne peuvent pas en ſuivre la tête ou qu'elles ſoient obligées de s'arrêter, elles feront ſonner un *appel*, qui ſera répété d'eſcadron en eſcadron, juſqu'à la tête qui fera *halte*. Lorſque la queue aura rejoint ou qu'elle n'aura plus de raiſon de s'arrêter, elle fera ſonner un *couplet de la marche*, qui ſera répété par un Trompette de la tête de chaque eſcadron, après quoi la tête de la colonne ſe remettra en marche.

Dans tous les quarts-de-converſion, les Cavaliers ſe règleront ſur les deux ailes; ſavoir, ils tourneront d'abord la tête du côté du pivot, pour s'ébranler tous en même temps (obſervant de fermer la jambe droite & de ſoutenir la main à gauche ſi le mouvement ſe fait par la droite, & de ſuivre les mêmes principes par des moyens contraires ſi le mouvement ſe fait par la gauche). Ils auront enſuite l'œil ſur l'aile qui tourne, pour proportionner ſur cette aile leur mouvement de progreſſion, relativement au pivot qu'ils regarderont alternativement, pour s'y aligner & ne point s'en ſéparer.

Il eſt bon d'obſerver que chaque Cavalier formant un point intermédiaire entre le pivot (qui eſt cenſé un point fixe) & l'aile qui tourne (qui eſt un point mouvant), ne peut être aligné ſur les deux s'il n'en obſerve qu'un.

L'Officier, bas Officier ou Cavalier qui doit ſoutenir, aura attention d'être toujours en mouvement, de manière qu'il parcourre un petit quart-de-cercle pendant le temps que l'aile qui devra tourner fera ſon mouvement; il aura auſſi attention que ſon cheval ne ſe jette point ſur le rang: pour prévenir ce défaut, ſi c'eſt par la droite que le mouvement doit ſe faire, il ſe ſervira de la jambe gauche, en ſoutenant la main du côté droit.

Le quart-de-cercle qu'il doit parcourir, lorſque ce mouvement s'exécutera par pluſieurs troupes enſemble ou par une troupe ſeule, peut être évalué à trois pas pour le front d'un escadron, & un peu moins pour le front d'une compagnie & division.

L'Officier, bas Officier ou Cavalier qui mène l'aile, aura attention, sans serrer son voisin, de ne point s'en séparer. Les Cavaliers du second rang observeront de se porter légèrement & diagonalement vers l'aile qui tourne (en soutenant beaucoup la main à gauche & fermant beaucoup la jambe droite, si le mouvement se fait par la droite), & de manière que du côté de cette aile, le second rang dépasse le premier d'environ deux files, pour donner la facilité au Cavalier qui est du côté du pivot de porter la tête de son cheval vers la croupe du troisième cheval du premier rang; mais au moment qu'on achèvera ce mouvement, ils se replaceront tous sur la direction de leur chef-de-file.

PLANCHE II, *Figure 9.*

Pour tous les quarts-de-conversion qui devront se faire successivement par chaque troupe en colonne, on évitera pareillement de les faire quarrément (par l'inconvénient démontré à la *fig. 10, planche II)*, & l'on aura attention que le pivot décrive toujours un quart-de-cercle d'environ cinq pas pour le front d'une division, & pas davantage pour un plus grand front (puisque les distances entre chaque troupe sont plus grandes); en conséquence, lorsque la première troupe d'une colonne aura fait son mouvement, la seconde troupe commencera le sien trois pas environ avant que son premier rang soit à la hauteur de la file qui a soutenue, de la troupe qui la précède; c'est à quoi les Officiers & bas Officiers auront la plus grande attention: par ce principe, le pivot n'ayant rien qui le gêne pour gagner toujours un peu de terrain en avant, c'est-à-dire vers le côté où il doit tourner, ne sera point dans le cas de se jeter du côté opposé à celui où l'on tourne, & ne retardera point la troupe qui le suit, laquelle observera la même règle.

PLANCHE II, *Figure 10.*

PLANCHE III, *Figure 11.*

Le Commandant de la division qui devra tourner à son tour, commandera: *doucement la droite, marche la gauche*, lorſque le mouvement devra ſe faire par la droite; & le contraire, s'il doit ſe faire par la gauche: & lorſque la diviſion devra enſuite ſe porter en avant, il commandera *marche*.

Lorſqu'on fera le commandement de rompre un régiment en avant ou en arrière par eſcadron, compagnie, &c. la droite ouvrira toujours la marche, ſans qu'il ſoit beſoin de l'en prévenir; mais lorſqu'on voudra que ce ſoit la gauche qui marche la première, on en fera mention dans le commandement.

Lorſqu'on fera le commandement de *ſe rompre* ou de *marcher à droite & à gauche, par eſcadron, compagnie, &c.* le commandement de la droite ſera toujours annoncé le premier.

Lorſqu'une troupe marchant au pas, on voudra la mettre au galop, on commandera *au trot*, enſuite *au galop*; & pour la remettre au pas ou lui faire faire *halte*, on commandera: *au trot*, *au pas*, & enſuite *halte*.

L'intention de Sa Majeſté eſt qu'on commence par expliquer fort clairement toutes les manœuvres aux Cavaliers, qu'on les leur faſſe exécuter d'abord au pas & lentement juſqu'à ce qu'ils les conçoivent bien, qu'enſuite on les leur faſſe exécuter au trot & plus légèrement à meſure que la troupe ſera plus inſtruite, & qu'enfin on augmente cette légèreté juſqu'à ce que toutes les manœuvres s'exécutent avec la plus grande célérité.

Sa Majeſté défend expreſſément de faire manœuvrer aux ſignaux des timbales ou des trompettes, ces ſortes de ſignaux étant trop ſujets à ſe confondre devant l'ennemi; lorſque le nombre d'eſcadrons ou de troupes ſera trop conſidérable pour que la même voix puiſſe ſe faire entendre à tous, ſoit en bataille ou en colonne, les commandemens ſeront alors répétés d'eſcadron en eſcadron par le Commandant de chaque troupe.

PREMIÈRE

PREMIÈRE MANŒUVRE.

DÉFILER PAR UN, DEUX, TROIS ou *QUATRE.*

1.

Prenez garde à vous.

2.

Marchez { *un, deux, trois* ou *quatre.*

3.

Marche.

POUR exécuter ce mouvement, l'Officier, bas Officier ou Cavalier de la droite du premier rang de la première division, marchera en avant; le second Cavalier le suivra; les autres Cavaliers du premier rang de cette division en feront successivement autant, en se portant obliquement sur la direction des premiers; le second rang de la même division suivra le premier dans le même ordre, partant du terrain qu'il occupe, ce qui sera répété par toutes les divisions de cet escadron; mais le Cavalier de la droite du premier rang du second escadron, fera *à droite* pour marcher sur la direction de la dernière file du premier escadron, & sera suivi successivement par tous les Cavaliers des premier & second rangs de sa division, le second rang observant de se porter sur le terrain du premier, pour ensuite défiler dans le même ordre.

Si l'on a commandé de marcher par deux, la même manœuvre se fera de deux en deux.

Si l'on a commandé de marcher par trois, lorsque les trois Cavaliers de la droite du premier escadron marcheront en avant, les autres Cavaliers du premier rang de cette division se rompront successivement en avant par trois, pour se porter obliquement sur la direction des premiers, & prendre rang dans la colonne à mesure qu'ils y arriveront; le second rang de la même division se rompra sur le terrain qu'il occupe & dans le même ordre que le premier, ce qui sera répété par toutes les divisions de cet escadron, mais les Cavaliers du premier rang de la première division du second escadron feront *à droite* par trois pour marcher PLANCHE III, *Figure 12.*

ſur la direction des derniers Cavaliers du premier eſcadron ; le ſecond rang ſe portera enſuite ſur le terrain du premier pour exécuter la même manœuvre, ce qui ſera répété ſucceſſivement par toutes les diviſions de cet eſcadron & des ſuivans.

Si l'on a commandé de marcher par quatre, la même règle s'obſervera de quatre en quatre.

On ſe conformera toujours au nombre qui ſera le plus relatif au front des diviſions pour faire marcher par trois ou quatre, de manière qu'en doublant ſucceſſivement les rangs, on puiſſe reformer les diviſions en avant.

DEUXIÈME MANŒUVRE.

DOUBLER LES RANGS EN AVANT

ET SE FORMER SUCCESSIVEMENT PAR DIVISION, COMPAGNIE, ESCADRON, ET LE RÉGIMENT EN BATAILLE.

Lorſqu'après avoir défilé par un, on voudra marcher par deux, par trois ou par quatre ; & doubler ſucceſſivement les rangs en avant pour former les diviſions, compagnies & eſcadrons ; pendant tout le temps que les rangs doubleront, le premier rang de la colonne continuera de marcher, mais fort lentement, afin de donner à la queue de la colonne la facilité d'en joindre la tête.

1.

Prenez garde à vous.

2.

Marchez deux.

3.

Marche.

Le ſecond Cavalier de chaque diviſion doublera à la gauche du premier ; le quatrième doublera à la gauche du troiſième, ainſi de ſuite.

1.

Prenez garde à vous.

2.

Marchez trois (ou quatre).

3.

Marche.

Si l'on a commandé de marcher par trois, les deux Cavaliers du premier rang de chaque division, continueront de marcher en avant; le Cavalier de la droite du second rang doublera à la gauche du premier rang, & les deux Cavaliers du troisième rang doubleront à la gauche du Cavalier qui sera resté du second rang, ainsi de suite.

Si au contraire l'on a commandé de marcher par quatre, les deux Cavaliers du second rang de chaque division doubleront à la gauche du premier rang; les deux Cavaliers du quatrième rang doubleront à la gauche du troisième rang, ainsi de suite; & dès que le doublement sera fait, le premier rang de la colonne continuera seul de marcher le même pas; tous les autres se serreront au grand trot sur lui, jusqu'à ce qu'ils soient arrivés près les uns des autres.

1.

Prenez garde à vous.

2.

En avant, doublez vos rangs.

3.

Marche.

Soit que l'on marche par trois ou par quatre, les Cavaliers qui sont au premier rang de chaque division continueront de marcher au même pas; les Cavaliers du second rang se porteront obliquement sur leur gauche pour se former à la gauche du premier rang; les Cavaliers du quatrième rang doubleront de même à la gauche du troisième rang, ainsi de suite; dès que le doublement sera fait, les derniers rangs de la colonne se porteront légèrement en avant, ainsi qu'il vient d'être prescrit. PLANCHE IV, *Figure 13.*

1.

Prenez garde à vous.

2.

En avant, formez les diviſions.

3.

Marche.

PLANCHE IV, *Figure 14.*

LES Cavaliers qui ſont au premier rang de chaque diviſion, continueront de marcher au même pas ; les Cavaliers du ſecond rang ſe porteront obliquement ſur leur gauche pour ſe former à la gauche du premier rang, les deux derniers rangs de chaque diviſion exécuteront en même temps la même manœuvre pour former le ſecond rang, qui ſe ſerrera auſſitôt ſur le premier.

PLANCHE IV, *Figure 15.*

Si, au lieu de doubler les rangs en avant (comme il vient d'être preſcrit avant de former les diviſions), on veut tout de ſuite, marchant par trois (*ou* par quatre), former les diviſions en avant, les Cavaliers qui ont la tête de chaque diviſion continueront de marcher en avant, & tous ceux qui doivent compoſer le premier rang ſe porteront obliquement à gauche par trois (*ou* par quatre) pour ſe former ſucceſſivement à la gauche les uns des autres ; le ſecond rang ſe formera dans le même ordre & ſe ſerrera enſuite ſur le premier, après quoi toutes les diviſions de la queue de la colonne ſe porteront légèrement à leur diſtance.

Toutes les fois que le front des diviſions ſera compoſé d'un nombre impair, on les formera tout ſimplement de cette manière :

1.

Prenez garde à vous.

2.

En avant, formez les compagnies.

3.

Marche.

PLANCHE IV, *Figure 16.*

La première diviſion de chaque compagnie continuera de marcher au même pas ; la ſeconde diviſion fera un *demi à gauche* pour marcher (eu égard au terrain d'où elle eſt partie) diagonalement vers la gauche, & ſe former par un *demi à droite* à la gauche de la première diviſion.

1.

Prenez garde à vous.

2.

En avant, formez les eſcadrons.

3.

Marche.

Les deux compagnies de chaque eſcadron exécuteront la même manœuvre que celle qui vient d'être preſcrite pour les deux diviſions de chaque compagnie, & dès que les eſcadrons ſeront formés, ils obſerveront exactement leurs diſtances, y compris l'intervalle qu'il doit y avoir d'un eſcadron à l'autre étant formés en bataille.

Lorſqu'on voudra faire doubler par deux eſcadrons, le ſecond eſcadron doublera à la gauche du premier, le quatrième à la gauche du troiſième, ainſi qu'on vient de l'expliquer; mais ces eſcadrons obſerveront entr'eux l'intervalle preſcrit.

Si au lieu de doubler par deux eſcadrons, on veut, par préférence & pour plus de célérité, former tout de ſuite le régiment en bataille, on commandera:

1.

Prenez garde à vous.

2.

En avant, formez le régiment en bataille.

3.

Marche.

Le premier eſcadron du régiment ſe portera huit pas en avant & fera *halte;* le ſecond, le troiſième & le quatrième eſcadron feront chacun un *demi à gauche* pour marcher (eu égard au terrain d'où ils ſont partis) diagonalement ſur leur gauche; le ſecond eſcadron marchant au grand pas, le troiſième eſcadron au trot, & le quatrième au grand trot, pour ſe former ſucceſſivement en bataille à la gauche les uns des autres; le Commandant du troiſième eſcadron obſervera dans ce mouvement, que la file

PLANCHE V, *Figure 17.*

de la droite de fon efcadron foit toujours fur la direction de la file de la gauche du fecond efcadron qui le précède, jufqu'au moment que le fecond efcadron fera arrivé fur le terrain où il devra fe mettre en bataille; pour lors le troifième efcadron continuera de fe porter à gauche pour laiffer entre lui & le fecond efcadron l'intervalle néceffaire.

Le Commandant du quatrième efcadron obfervera la même règle par rapport au troifième efcadron.

TROISIÈME MANŒUVRE.

FORMER LES ESCADRONS DE DEUX SUR TROIS RANGS; ET LES REMETTRE SUR DEUX.

On fera compter tous les Cavaliers de chaque rang par trois, commençant par la droite de chaque compagnie; les efcadrons étant à rangs ferrés, on commandera;

1.

Prenez garde à vous.

2.

Sur trois rangs, formez les efcadrons.

3.

Marche.

Les Cavaliers du fecond rang de chaque compagnie qui auront compté deux & trois, reculeront de la longueur d'un cheval pour former le troifième rang, & feulement ceux du premier rang qui auront compté trois, reculeront également de la longueur d'un cheval pour s'aligner fur les Cavaliers du fecond rang qui n'auront pas bougé; les Officiers du premier rang ne changeront point de place, mais les Sous-lieutenans qui fe trouvent au fecond rang reculeront au troifième; à l'égard des Porte-étendards, qui font nombre dans les rangs, fi le cas arrivoit que quelqu'un d'eux eût compté deux ou trois, il refteroit néanmoins au fecond rang & ne reculeroit point; les Cavaliers, fans attendre d'autre commandement, appuieront enfuite de droite & de gauche pour fe ferrer fur le centre de leur efcadron, foit de pied-ferme ou en marchant.

Lorſqu'enſuite on voudra remettre les eſcadrons ſur deux rangs, on fera les commandemens ſuivans;

1.

Prenez garde à vous.

2.

Sur deux rangs, formez les eſcadrons.

3.

Marche.

Au ſecond commandement, tous les Cavaliers de chaque eſcadron appuieront de droite & de gauche ſur les ailes de l'eſcadron; les Cavaliers du premier rang prendront un pas de diſtance de deux en deux; ceux du ſecond rang qui doivent rentrer dans le premier, ſe placeront vis-à-vis leur intervalle, & ceux du troiſième, qui doivent tous rentrer dans le ſecond, ſe placeront également de deux en deux vis-à-vis leur intervalle, & s'arrêteront ſucceſſivement à meſure que leurs voiſins, qui ſont vers le centre de l'eſcadron, feront *halte* ou ſe porteront directement en avant ſi la manœuvre s'exécute en marchant.

Dès que le Commandant jugera que les files ſeront aſſez ouvertes, il fera le troiſième commandement *marche;* alors les Cavaliers du premier rang qui ont compté trois, & qui ſe trouvent dans le ſecond rang, s'avanceront dans le premier pour y reprendre leurs places, & tous ceux du troiſième rang rentreront de deux en deux dans le ſecond rang, pour ſe replacer de même chacun à leur file.

QUATRIÈME MANŒUVRE

DES À DROITE ET À GAUCHE,

DEMI-TOURS À DROITE ET DEMI-TOURS À GAUCHE.

1.

Prenez garde à vous.

2.

Par { *régiment,* / *eſcadron,* / *compagnie,* / *diviſion,* } *à droite* ou *à gauche.*

3.

Marche.

Si c'eſt par la droite, la droite du régiment (*ou* de chaque diviſion par laquelle on aura ordonné de faire *à droite*) ſoutiendra, & la gauche marchera jusqu'à ce qu'elle ait fini ſon quart de converſion.

Si c'eſt au contraire par la gauche que le mouvement doit ſe faire, la gauche ſoutiendra & la droite marchera.

On ſe conformera pour cette manœuvre aux principes établis ci-devant dans le chapitre des Principes généraux pour les manœuvres.

Lorſque ce mouvement s'exécutera par régiment entier, ſi c'eſt par la droite, l'Officier ou bas Officier de la droite du premier rang de chacun des trois eſcadrons de la gauche, ſervira de guide à ſon eſcadron, & ſera ſeul chargé d'obſerver la diſtance qu'il doit y avoir entre ſon eſcadron & celui qui eſt vers ſa droite, en ſoutenant ferme ſur ſon rang; ſi la diſtance ſe rétréciſſoit, ou en abandonnant ſon rang, ſi elle s'élargiſſoit, les Cavaliers du premier rang auront attention de ne point ſe ſéparer de leur voiſin de la droite & de ne point ſe ſerrer ſur lui, comme on l'a déjà preſcrit ci-devant; les Commandans de chaque eſcadron veilleront avec ſoin à l'obſervation de ce principe.

A l'égard du degré de vîteſſe que chaque Cavalier doit employer ſur un front auſſi étendu, il doit être proportionné au quart-de-cercle qu'il a à décrire relativement à l'aile & au pivot; on ſe conformera dans tous les cas au principe d'alignement qui eſt preſcrit pour le quart de converſion.

On obſervera que les Cavaliers du ſecond rang de chaque eſcadron ſoient toujours ſur la direction de leur chef-de-file toutes les fois que ce mouvement ſe fera par régiment entier.

1.

Prenez garde à vous.

2.

	eſcadron,	*demi-tour à droite*
Par	*compagnie,*	ou
	diviſion,	*demi-tour à gauche.*

3.

3.

Marche.

Si c'eſt par la droite, la droite de chaque eſcadron, compagnie ou diviſion, ſoutiendra, & la gauche marchera juſqu'à ce qu'elle ait fini ſa demi-converſion, & qu'elle ſe trouvera alignée avec les autres eſcadrons, faiſant face du côté oppoſé.

Si au contraire la demi-converſion doit ſe faire par la gauche, la droite marchera, & la gauche ſoutiendra; dans l'un & l'autre cas, le pivot de chaque troupe ſe conformera au principe de la *figure 9, planche II,* proportionnellement au front de la troupe.

Lorſqu'on voudra ſe remettre en bataille ſur le même terrain, on fera un ſecond *demi-tour à droite* (*ou* un ſecond *demi-tour à gauche*).

CINQUIÈME MANŒUVRE.

DES À DROITE OU À GAUCHE, SUR LE CENTRE.

1.

Prenez garde à vous.

2.

Par { *eſcadron, compagnie, diviſion,* } *à droite ſur le centre* ou *à gauche ſur le centre.*

3.

Marche.

Les deux Cavaliers du centre du premier rang de chaque diviſion par laquelle il aura été ordonné de tourner, ſerviront de pivot.

Si le mouvement ſe fait par la droite, le demi-rang de la droite fera ſon quart de converſion en reculant très-doucement, & le demi-rang de la gauche fera le ſien en avançant, réglant ſon mouvement de progreſſion ſur celui du demi-rang qui recule; les Cavaliers de ce demi-rang fermeront la jambe droite, en ſoutenant la main à droite plus ou moins, suivant qu'ils seront plus ou moins éloignés du pivot; ceux du second rang observeront la même règle, & principalement ceux qui sont vers l'aile qui recule, lesquels doivent soutenir beaucoup la main à droite, en fermant beaucoup la jambe droite.

Si le mouvement se fait par la gauche, le demi-rang de la gauche reculera, & le demi-rang de la droite avancera; les Cavaliers qui doivent reculer se conformeront au principe qui vient d'être indiqué, mais en employant les moyens contraires.

Lorsqu'on fera exécuter cette manœuvre par escadron, on fera ouvrir les rangs auparavant, & pendant la conversion, le second rang se resserrera sur le premier.

PLANCHE VI, *Figure 19.*

Les circonstances exigeant rarement de faire ce mouvement par escadron, on se contentera de l'exécuter par division & par compagnie; dans le cas où il seroit nécessaire d'exécuter cette manœuvre par deux escadrons ou par régiment, si c'est par la droite, il faut que l'escadron (*ou* que les deux escadrons) qui devroient alors reculer, fassent un *demi-tour à gauche* par division, pour marcher ensuite en moulinet ou conversion centrale, sur le même alignement que l'autre escadron (*ou* que les deux autres escadrons); & dès que le mouvement sera achevé, l'escadron (*ou* les deux escadrons) qui auront fait *demi-tour à gauche* par division, se remettront face en tête par un second *demi-tour à gauche* par division.

Si le régiment étoit en muraille, ces escadrons au lieu de faire *demi-tour à gauche* par division, feroient au contraire *demi-tour à droite* par division, pour faire face en arrière, & se remettroient par le même mouvement.

On se conformera aux mêmes principes, en employant les moyens contraires lorsque le mouvement se fera par la gauche.

SIXIÈME MANŒUVRE.

ROMPRE LE RÉGIMENT EN AVANT, EN ARRIÈRE, À DROITE ou À GAUCHE, ET DÉDOUBLER ENSUITE PAR COMPAGNIE, DIVISION, &c.

I.

Prenez garde à vous.

2.

En avant, par deux escadrons, rompez le régiment.

3.

Marche.

Le premier & le second escadron se porteront en avant, tandis que le troisième & le quatrième feront ensemble un *demi à droite* pour se porter (eu égard au terrain d'où ils partent) diagonalement en avant sur leur droite, & marcher ensuite sur la direction des deux premiers, en faisant ensemble un *demi à gauche*

1.

Prenez garde à vous.

2.

En avant, dédoublez par escadron.

3.

Marche.

Le premier & le troisième escadron continueront de marcher en avant, tandis que le second & le quatrième escadron feront chacun un *demi à droite*, pour se porter en avant sur leur droite, & marcher ensuite sur la direction du premier escadron, en faisant chacun un *demi à gauche.*

Mais si au lieu de rompre le régiment par deux escadrons, on veut, pour plus de célérité, le rompre par escadron, on commandera :

1.

Prenez garde à vous.

2.

En avant, par escadron, rompez le régiment.

3.

Marche.

Le premier escadron du régiment se portera en avant, tandis que les trois autres feront chacun un *demi à droite* pour se porter (eu égard au terrain d'où ils partent) diagonalement en avant sur leur droite, & marcher ensuite sur

Planche V. *Figure 18.*

la direction du premier escadron, en faisant successivement un *demi à gauche,* à mesure qu'ils prendront leur rang dans la colonne.

Si au lieu de rompre le régiment en avant, on veut le rompre en arrière, on commandera :

1.

Prenez garde à vous.

2.

En arrière, par escadron, rompez le régiment.

3.

Marche.

PLANCHE VI, *Figure 20.*

LE premier escadron fera *demi-tour à droite* pour faire face en arrière, & marchera ensuite directement devant lui ; les trois autres escadrons feront en même temps chacun un *à droite & demi* par escadron, pour se porter sur la direction du premier escadron, & prendre successivement leur rang dans la colonne, en faisant un *demi à droite* à mesure qu'ils y arriveront.

Si au contraire on veut rompre le régiment à droite ou à gauche, on fera les commandemens indiqués à la quatrième manœuvre.

Si au lieu de rompre le régiment tout à la fois pour marcher vers la droite, on veut seulement le rompre en détail par la droite, soit par escadron, compagnie, &c. pour marcher ensuite vers la gauche, on commandera :

1.

Prenez garde à vous.

2.

Par la droite, rompez le régiment pour marcher à gauche, par { *escadron,* / *compagnie,* / *division.* }

3.

Marche.

A ce commandement, l'escadron, la compagnie ou la

la divifion de la droite, par laquelle on rompra le régiment, partira feule pour marcher en avant jufqu'à la diftance d'environ dix pas, & fera enfuite un quart de converfion à gauche pour paffer devant le front du régiment.

Si cette manœuvre s'exécute par efcadron, le fecond efcadron fe mettra en mouvement (dès que le premier rang du premier efcadron arrivera à la hauteur de fa file gauche) pour marcher en avant, faire comme lui un quart de converfion à gauche, mais au même pas que l'efcadron qui le précède, & prendre rang dans la colonne; les autres efcadrons exécuteront fucceffivement la même manœuvre, chaque efcadron obfervant de commencer fon quart de converfion, deux pas environ, avant d'être arrivé à la hauteur de la file gauche de l'efcadron qui le précède, afin de laiffer la marge néceffaire au pivot, pour qu'il puiffe fe porter toujours un peu en avant & arriver fur la direction des files gauches de la colonne.

Si cette manœuvre s'exécute par compagnie, la feconde compagnie du premier efcadron fe mettra en mouvement, dès que le premier rang de celle qui la précède fera à la hauteur de la cinquième file de fa gauche, pour fe porter en avant & faire comme elle un quart de converfion à gauche; mais la première compagnie du fecond efcadron ne fe mettra en mouvement que lorfque celle qui la précède fera à hauteur de la cinquième file de la gauche de la feconde compagnie de cet efcadron, afin d'obferver, outre fa diftance, l'intervalle qu'il doit y avoir entre les efcadrons, & ainfi des autres; chaque compagnie obfervant de commencer fon quart de converfion ainfi qu'il vient d'être prefcrit pour les efçadrons, avec cette différence que l'aile qui tournera ira prefque du double plus vîte que la compagnie qui la précède.

Lorfqu'on exécutera cette manœuvre par divifion, la feconde divifion du premier efcadron fe mettra en mouvement, dès que le premier rang de celle qui la précède fera à hauteur de la feconde file de fa droite, & ainfi des autres divifions de cet efcadron; mais la première divifion du fecond efcadron ne partira que lorfque le premier rang de celle qui la précède fera à la hauteur de la feconde file de la droite de la troifième divifion de cet efcadron, ou, ce qui eft la même chofe, vers le centre de l'efcadron, afin d'obferver, outre fa diftance, l'intervalle d'un eſcadron à l'autre, ainſi qu'il vient d'être preſcrit; les diviſions des autres eſcadrons obſerveront ſucceſſivement la même règle.

Le régiment étant en colonne par eſcadron, ſi l'on veut dédoubler & défiler enſuite, on commandera;

1.

Prenez garde à vous.

2.

En avant, par compagnie, rompez les eſcadrons.

3.

Marche.

La première compagnie de chaque eſcadron continuera de marcher en avant, tandis que la ſeconde fera un *demi à droite*, pour ſe porter diagonalement en avant ſur ſa droite & marcher enſuite ſur la direction de la première en faiſant un *demi à gauche.*

1.

Prenez garde à vous.

2.

En avant, par diviſion, rompez les compagnies.

3.

Marche.

Chaque compagnie ſe rompra par diviſion, en ſuivant la même règle qui vient d'être preſcrite pour rompre les eſcadrons par compagnie.

1.

Prenez garde à vous.

2.

En avant, dédoublez vos rangs.

3.

Marche.

Le demi-rang de la droite de la première diviſion de

la colonne, se portera en avant & sera suivi du demi-rang de la gauche, le second rang de cette division se rompra dans le même ordre que le premier, & toutes les divisions suivantes exécuteront la même manœuvre, en arrivant sur le terrain où la première aura dédoublée; si l'on veut encore dédoubler les rangs & défiler ensuite, on se conformera à la même règle.

Si le front des divisions étoit composé d'un nombre impair, comme on l'a déja observé ci-devant, au lieu de dédoubler successivement par demi-rang, on romproit la première division par la droite pour défiler tout de suite par quatre, par trois, par deux ou par un, & ainsi des autres divisions à mesure qu'elles arriveroient sur le terrain où la première auroit défilé.

Lorsque les escadrons marcheront en colonne renversée, & qu'on les rompra en avant, par compagnie, la compagnie de la gauche de chaque escadron marchera toujours la première; lorsqu'on voudra rompre les compagnies par division on observera la même règle, & lorsqu'on voudra défiler ensuite par un, deux, trois ou quatre, la gauche de chaque division ouvrira toujours la marche.

SEPTIÈME MANŒUVRE.

LE RÉGIMENT ÉTANT EN COLONNE, LE FORMER EN BATAILLE SUR LA DROITE, SUR LA GAUCHE, EN AVANT OU *EN ARRIÈRE.*

1.

Prenez garde à vous.

2.

Sur la droite, formez le régiment en bataille.

3.

Marche.

Si le régiment est en colonne par escadron, le premier escadron fera un quart de convesion à droite, marchera dix pas en avant, & fera *halte;* le second escadron marchant toujours directement devant lui, fera de même un quart de conversion à droite, dès que son premier rang aura dépassé la file de la gauche du premier escadron de la moitié du front d'un escadron (moins deux pas que le pivot regagnera), & il se portera ensuite sur l'alignement du premier escadron où il sera *halte;* les deux autres escadrons exécuteront successivement la même manœuvre, se réglant sur celui qui les précède.

Si le régiment est en colonne par compagnie, la première compagnie exécutera la manœuvre prescrite ci-dessus pour le premier escadron; celle qui suit, marchant directement devant elle, exécutera le même mouvement dès que son premier rang sera presque à la hauteur de la file de la gauche de la compagnie qui la précède; mais la troisième compagnie de la colonne se conformera exactement à ce qui est prescrit pour le second escadron. Toutes les compagnies suivantes observeront alternativement l'une & l'autre règle.

Si le régiment est en colonne par division, on se conformera aux mêmes principes pour garder l'intervalle prescrit entre les escadrons.

Si au lieu de former le régiment en bataille sur la droite, on veut le former sur la gauche, on commandera:

1.

Prenez garde à vous.

2.

Par { *escadron,* / *compagnie,* / *division,* } *à gauche.*

3.

Marche.

CHAQUE escadron, compagnie ou division étant en colonne, fera un quart de conversion par la gauche.

Pour former le régiment en avant, on exécutera ce qui est prescrit par les différens commandemens de la deuxième manœuvre. Si on veut le former en arrière, on fera les commandemens suivans:

1.

Prenez garde à vous.

2.

2.

En arrière, formez le régiment en bataille.

3.

Marche.

Le premier & le second escadron feront chacun *demi-tour à gauche.* PLANCHE VI, *Figure 21.*

Le troisième escadron fera *demi-tour à droite,* & le quatrième, après avoir fait seulement *à droite,* se portera en avant jusqu'à ce qu'il ait dépassé le front du troisième escadron, après quoi il fera une seconde fois *à droite* pour faire face en arrière, & fera *halte;* le troisième escadron, après son mouvement, marchera un peu vers sa droite pour venir se former à la droite du quatrième escadron, observant son intervalle.

Pendant ce temps le second & le premier escadron viendront légèrement se former en ligne, le second escadron marchant droit devant lui, & le premier se portant un peu vers la droite pour laisser l'intervalle prescrit entre les escadrons.

Lorsque le régiment sera en colonne par compagnie, & qu'il devra se former en bataille en arrière, les quatre compagnies de la tête de la colonne qui composent les deux premiers escadrons, feront de même chacune *demi-tour à gauche* par compagnie, & les quatre dernières qui composent les deux derniers escadrons, feront chacune *demi-tour à droite* par compagnie, pour se former toutes par les mêmes règles à la droite les unes des autres; la dernière compagnie observera, après avoir fait seulement un *à droite,* de se porter en avant jusqu'à ce qu'elle ait dépassé le front de la compagnie qui se trouve sur sa gauche (lors du mouvement) pour ensuite faire face en arrière par un second *à droite,* après lequel elle fera *halte.*

Dans le cas où le régiment marcheroit en colonne renversée, & que les derniers escadrons auroient par conséquent la tête de la colonne, leur demi-conversion se feroit toujours du même côté, c'est-à-dire par la droite, & celle des deux premiers escadrons (qui seroient à la queue) se feroit également par la gauche, puisqu'il faut observer pour règle générale, qu'un régiment doit toujours ſe former en bataille dans ſon ordre naturel, c'eſt-à-dire que le premier eſcadron doit ſe placer à la droite du régiment, ſoit qu'il ait la tête ou la queue de la colonne, à moins d'un ordre ou d'un commandement contraire.

En conſéquence, lorſque le régiment ſera en colonne renverſée par eſcadron (*ou* par compagnie), & qu'il ſera ordonné de ſe former en bataille en arrière, chaque eſcadron (*ou* compagnie) ſe conformera aux principes qui viennent d'être établis, avec cette différence qu'ils ſe formeront à la gauche les uns des autres, & que l'eſcadron (*ou* compagnie) qui ſera à la queue de la colonne exécutera par la gauche la manœuvre qui eſt preſcrite par la droite pour le dernier eſcadron (*ou* la dernière compagnie) du régiment.

HUITIÈME MANŒUVRE.

ROMPRE LES ESCADRONS,

ET METTRE CHAQUE ESCADRON EN COLONNE.

1.

Prenez garde à vous.

2.

En avant, par {compagnie / diviſion} rompez les eſcadrons.

3.

Marche.

Si le commandement a été annoncé par compagnie, la première compagnie de chaque eſcadron ſe portera en avant, & la ſeconde compagnie fera un *demi à droite* pour ſe porter diagonalement en avant vers la droite, & marcher enſuite ſur la direction de la première en faiſant un *demi à gauche.*

Si au contraire, on a commandé cette manœuvre par diviſion, la première diviſion de chaque eſcadron ſe portera en avant, & les autres diviſions feront chacune un *demi à droite* pour ſe porter diagonalement en avant ſur leur droite, & marcher enſuite ſur la direction de la première en faiſant ſucceſſivement un *demi à gauche* à meſure qu'elles prendront rang dans la colonne.

Au lieu de cette manœuvre, on pourra faire *à gauche*

par efcadron, & enfuite *à droite* par compagnie (*ou* par divifion.)

Lorfqu'enfuite on voudra fe remettre en bataille, on commandera :

1.

Prenez garde à vous.

2.

En avant, par { *compagnie* / *divifion* } *formez les efcadrons.*

3.

Marche.

On fe conformera aux principes qui font établis dans les différens commandemens de la feconde manœuvre.

Ou bien on commandera *à gauche* par divifion (*ou* par compagnie), & enfuite *à droite* par efcadron; mais pour fe remettre fur le même terrain, on fera *à droite* par divifion (*ou* par compagnie), enfuite *à droite* par efcadron, & on fe remettra par un *demi-tour à droite* par divifion (*ou* par compagnie).

NEUVIÈME MANŒUVRE.

LE RÉGIMENT MARCHANT DE FRONT EN BATAILLE, SERRER LES ESCADRONS SUR LE CENTRE DU RÉGIMENT POUR MARCHER EN MURAILLE, ET LES OUVRIR SUR LES AILES POUR QU'ILS REMARCHENT À LEURS DISTANCES.

1.

Prenez garde à vous, pour marcher en muraille.

2.

Par efcadron, appuyez fur le centre du régiment.

3.

Marche.

Les deux efcadrons de la droite appuieront à gauche en marchant, & les deux efcadrons de la gauche appuieront à droite jufqu'à ce qu'ils fe foient joints vers le centre du régiment pour marcher enfuite en avant fans aucun intervalle entr'eux.

Lorſqu'on voudra qu'ils reprennent leurs diſtances, on commandera :

1.

Prenez garde à vous, pour obſerver vos diſtances.

2.

Par eſcadron, appuyez ſur les ailes du régiment.

3.

Marche.

Les deux eſcadrons de la droite appuieront à droite, & les deux eſcadrons de la gauche appuieront à gauche juſqu'à ce qu'ils aient entr'eux l'intervalle preſcrit.

Pour parvenir à exécuter cette manœuvre avec préciſion, & n'être pas dans le cas de revenir ſur ſes pas pour avoir embraſſé trop de terrain, la file de la gauche du ſecond eſcadron (autrement dit *le guide*), & la file de la droite du troiſième eſcadron qui ſe trouvent au centre du régiment, auront attention, dès qu'ils jugeront qu'ils ſont aſſez éloignés l'un de l'autre, de ne plus appuyer vers les ailes du régiment, mais de ſe porter alors directement en avant ſans avoir égard aux Cavaliers qui pourroient s'éloigner d'eux.

La file de la gauche du premier eſcadron, & la file de la droite du quatrième eſcadron auront ſeules la même attention, l'une par rapport au deuxième, & l'autre par rapport au troiſième eſcadron ; chacune de ces files étant le guide de ſon eſcadron, ſervira de point d'alignement aux Cavaliers qui obſerveront ce qui a été preſcrit à cet égard dans le chapitre des Principes généraux pour les manœuvres.

DIXIÈME MANŒUVRE.

DE LA COLONNE.

Lorſqu'on voudra rompre le régiment en avant par le centre, pour le former en colonne, ſoit pour paſſer un défilé ou pour toute autre raiſon, le Commandant fera ſerrer les eſcadrons ſur le centre du régiment, s'il le juge néceſſaire, après quoi il fera les commandemens ſuivans :

1.

1.

Prenez garde à vous.

2.

A droite & à gauche, par division, formez la colonne du centre.

3.

Marche.

Les deux divisions du centre du régiment, c'est-à-dire la quatrième division du second escadron & la première division du troisième escadron, marcheront ensemble en avant & ne formeront qu'une seule troupe; les autres divisions de la droite du régiment feront chacune *à gauche*, & celles de la gauche feront chacune *à droite* pour marcher en avant vers le centre, & s'y réunir successivement dès l'instant qu'elles seront à portée de se joindre, elles se remettront face en tête, l'une par un *à droite* & l'autre par un *à gauche* pour prendre rang dans la colonne & suivre la troupe qui en a la tête, ce qui sera répété successivement par toutes les divisions de la droite & de la gauche du régiment. PLANCHE VII, *Figure 22.*

Lorsque le régiment ne sera point trop près du défilé, & que le terrain permettra d'exécuter cette manœuvre diagonalement, au lieu du commandement précédent, on commandera: *En avant, par division, formez la colonne du centre; marche.* Alors les deux divisions du centre du régiment s'étant portées en avant, toutes celles de la droite feront un *demi à gauche*, & toutes celles de la gauche feront un *demi à droite*, pour se porter diagonalement en avant, & former la colonne.

Les Capitaines & Fourriers de serre-file se placeront sur le flanc intérieur des trois divisions de la queue de leur escadron à mesure qu'elles prendront leur rang dans la colonne, savoir, un Fourrier à la seconde division (en les comptant par le rang qu'elles tiennent dans la colonne), le Capitaine à la troisième, & l'autre Fourrier à la quatrième ou dernière division de l'escadron.

A l'égard des Officiers supérieurs de la colonne, ils se placeront, savoir, le Colonel, le Lieutenant-colonel & le Major, à la tête; les Commandans d'escadron, à la tête de leur escadron, les deux Aides-major sur le flanc droit de la colonne, & les deux Sous-aides-major sur le flanc gauche.

Le Quartier-maître marchera à la queue de la colonne avec l'escorte des timbales, précédé des Trompettes & du Timbalier.

La colonne marchant ainsi, sera composée de huit troupes, qui seront chacune formées de deux divisions de front, chaque troupe observant seulement une demi-distance de son premier rang au premier rang de celle qui la précède.

Si l'on veut marcher par un plus grand front, au lieu de commander ce mouvement par division, on le commandera par compagnie, alors les Capitaines de serre-file marcheront sur le flanc intérieur de la seconde compagnie de l'escadron (en les comptant par le rang qu'elles tiennent dans la colonne), & les Fourriers marcheront en serre-file derrière leur compagnie.

Si au contraire on veut marcher par un moindre front, la colonne étant formée comme il vient d'être dit, on commandera à la première troupe : *En avant, par division, rompez la troupe ; marche.* La division de la droite de la première troupe se portera en avant, & celle de la gauche la suivra ; les autres troupes de la colonne exécuteront successivement la même manœuvre à mesure qu'elles arriveront sur le terrain où la première aura dédoublé.

Si l'on veut ensuite dédoubler par demi-rang, ou défiler par un, deux, trois ou quatre, on observera la même règle.

Lorsqu'après avoir défilé, on voudra doubler en avant & former ensuite les divisions, on se conformera à ce qui est prescrit dans les différens commandemens de la seconde manœuvre.

Lorsqu'ensuite on voudra reformer chaque troupe en avant, on commandera: *En avant, par division, formez les troupes ; marche.* La division de la tête de la colonne continuera de marcher, mais lentement, & celle qui suit se formera à sa gauche ; toutes les autres divisions de la colonne exécuteront en même temps la même manœuvre de deux en deux, & se porteront légèrement à leur demi-distance.

LA COLONNE MARCHANT PAR TROUPE ENTIERE,

FORMER LE RÉGIMENT EN BATAILLE EN AVANT, SUR LA DROITE ou SUR LA GAUCHE.

1.

Prenez garde à vous.

2.

En avant, formez le régiment en bataille.

3.

Marche.

La première troupe de la colonne se rompra par division ; la division de la droite fera un *demi à droite*, & la division de la gauche fera un *demi à gauche ;* ces deux divisions marcheront ensuite quelques pas à l'opposé l'une de l'autre, & se remettront face en tête (par le mouvement contraire) dès qu'il y aura entr'elles l'intervalle prescrit entre les escadrons. Les autres troupes de la colonne se rompront en même temps dans le même ordre ; toutes les divisions qui se trouvent sur le flanc droit de la colonne ayant fait un *demi à droite*, & toutes celles qui se trouvent sur le flanc gauche ayant fait un *demi à gauche*, marcheront en échiquier vers les ailes du régiment pour s'y former successivement en bataille, s'alignant toutes sur le centre (relativement à l'aile opposée), les escadrons des ailes observant leur intervalle. PLANCHE VII, *Fig. 23.*

Si au lieu de former le régiment en avant, on veut le former sur la droite, on commandera :

1.

Prenez garde à vous.

2.

Sur la droite, formez le régiment en bataille.

3.

Marche.

Le premier escadron qui se trouve à la queue de la colonne sur le flanc droit, fera un *à droite* par division, après lequel il fera *halte ;* le second escadron qui se trouve à la tête de la colonne sur le même flanc, continuera de marcher en avant, d'environ le front de deux divisions, PLANCHE VII, *Figure 24.*

pour laiſſer l'intervalle néceſſaire entre lui & le premier eſcadron qui eſt déjà en bataille, après quoi il fera de même *à droite* par diviſion pour ſe former à la gauche du premier eſcadron; toutes les diviſions qui ſont ſur le flanc gauche de la colonne, continueront de marcher en avant pour ſe former ſucceſſivement à la gauche les unes des autres & ſur l'alignement des eſcadrons qui ſont déjà en bataille, obſervant de même l'intervalle entre les eſcadrons.

On exécutera par la gauche ce qui vient d'être preſcrit par la droite lorſqu'on voudra former le régiment en bataille ſur la gauche.

COLONNE DE RETRAITE.

LE RÉGIMENT ÉTANT EN BATAILLE, FORMER LA COLONNE DE RETRAITE.

Lorſqu'on formera cette colonne pour repaſſer un défilé, le Commandant fera ſerrer les eſcadrons ſur le centre du régiment, après quoi il commandera:

1.

Prenez garde à vous.

2.

En arrière, par diviſion, formez la colonne de retraite.

3.

Marche.

PLANCHE VIII, *Figure 25.*

LA diviſion de la droite du régiment fera *demi-tour à droite*, & marchera devant elle juſqu'à ce que ſon premier rang ait dépaſſé de ſix pas le dernier rang du régiment, & fera enſuite *à droite;* la diviſion de la gauche du régiment exécutera la même manœuvre par la gauche; ces deux diviſions longeront derrière le régiment pour venir ſe réunir au centre, l'une par un *à gauche*, & l'autre par un *à droite*, & marcher enſemble devant elles en arrière du régiment.

Lorſque le régiment ne ſera point trop près du défilé, ces diviſions, au lieu de longer quarrément derrière le régiment, ſe porteront diagonalement en arrière, pour ſe réunir vers le centre, & ſur la direction du défilé.

A meſure

A mesure que ces divisions se rompront en arrière, elles seront suivies successivement par celles de l'aile droite & de l'aile gauche du régiment, qui se mettront en mouvement dès que celles qui viennent de se rompre auront exécuté leur demi-conversion.

Les Officiers supérieurs n'auront aucune place fixe; les Capitaines-commandans d'escadron marcheront à la tête de leur escadron, les deux Aides-major marcheront sur le flanc gauche de la colonne, & les deux Sous-aides-major sur le flanc droit.

Les Capitaines & Fourriers de serre-file se placeront (comme il a été prescrit ci-devant) sur le flanc intérieur des trois divisions de la queue de leur escadron.

Le Quartier-maître, avec l'escorte des timbales, marchera à la tête de la colonne, suivi du Timbalier & des Trompettes.

FORMER LA COLONNE DE RETRAITE EN BATAILLE, FAISANT FACE AU DÉFILÉ, APRÈS L'AVOIR REPASSÉ.

On commandera à la première troupe, après qu'elle sera sortie du défilé.

1.

Prenez garde à vous.

2.

Par division, à droite & à gauche.

3.

Marche.

4.

Halte.

PLANCHE VIII, *Figure 26.*

5.

Par division, à droite & à gauche, formez le régiment en bataille.

6.

Marche.

Au troisième commandement, la troupe qui a la tête de la colonne, fera *à droite & à gauche* par division, pour marcher l'une vers la droite & l'autre vers la gauche du défilé, les autres troupes exécuteront successivement la même manœuvre par division, à mesure qu'elles arriveront sur le terrain où la première se sera rompue; dès que la dernière troupe achèvera le même mouvement, on fera le quatrième commandement *halte*, & ensuite le cinquième & le sixième; à ce dernier, les divisions qui ont longé vers la droite, feront *à droite* par division, & celles qui ont longé vers la gauche, feront *à gauche*, observant toujours les intervalles entre les escadrons, à moins d'un ordre contraire.

Si après que la colonne sera sortie du défilé, & qu'elle en sera plus ou moins éloignée, on veut former le régiment en bataille, faisant face en arrière, on pourra se servir de la manière suivante:

1.

Prenez garde à vous.

2.

En arrière, formez le régiment en bataille.

3.

Marche.

PLANCHE VIII, *Figure 27.*

TOUTES les divisions qui sont sur le flanc droit de la colonne, feront un *à droite & demi*, & celles qui sont sur le flanc gauche, feront un *à gauche & demi*, pour venir se former successivement en bataille vers les ailes, faisant face en arrière & sur l'alignement de la dernière troupe de la colonne qui aura fait tout de suite *demi-tour à droite* & *demi-tour à gauche* par division, les escadrons des ailes ayant attention d'observer leur intervalle.

Si au lieu de former le régiment en bataille, faisant face en arrière, on veut le former dans son ordre naturel, faisant face en avant, on fera marcher chaque troupe à la distance entière, & l'on commandera *demi-tour à droite* par troupe, & ensuite *demi-tour à droite* par division; après quoi on fera faire *à droite* & *à gauche* par division à la première troupe, ainsi qu'il vient d'être prescrit au sortir d'un défilé (observant auparavant de faire resserrer chaque troupe à la demi-distance); & dès que la dernière troupe achèvera son mouvement, on commandera *à droite & à gauche par division, formez le régiment en bataille.* Les divisions qui ont longé vers la droite, feront *à gauche*, & celles qui ont longé vers la gauche, feront *à droite;* alors le régiment se trouvera formé dans son ordre naturel.

ONZIÈME MANŒUVRE.

DE LA CHARGE CONTRE LA CAVALERIE.

TOUTES les fois qu'on devra charger l'ennemi, les Cavaliers auront le mousqueton à la grenadière, & l'on commandera :

1.

Prenez garde à vous pour charger.

2.

Sabre à la main.

3.

Marche.

4.

Au trot.

Au premier commandement, les Cavaliers rassembleront leurs chevaux.

Au deuxième, ils mettront le sabre à la main.

Au troisième, ils ébranleront leurs chevaux au pas.

Au quatrième, ils les mettront au trot.

Lorsqu'ensuite la troupe ne sera plus qu'à cent pas (environ) des ennemis, le Comma ndat dira :

5.

Haut le sabre au galop.

A ce dernier commandement, les Trompettes sonneront *la charge*, & les Cavaliers portant leur sabre haut, mettront leurs chevaux au galop, les éperons dans le ventre; observant de rester toujours serrés & bien alignés pour arriver en ordre sur l'ennemi ; lorsqu'ils en seront à portée, ils s'élèveront sur leurs étriers pour les charger à coup de sabre.

Les ennemis culbutés, on détachera trois files de la droite & trois files de la gauche de chaque escadron, pour les poursuivre l'épée dans les reins, & les empêcher de se reformer.

On aura attention, en exerçant, de débander souvent ces trois files, qui seront composées de deux Brigadiers, deux Carabiniers & de deux Cavaliers de chaque aile de l'escadron (qu'on nommera Cavaliers d'aile) pour les accoutumer à cette manœuvre & au ralliement.

La charge finie, le Commandant de chaque escadron fera faire *halte* pour reformer son escadron, & fera sonner aussitôt des appels pour faire rentrer les Cavaliers d'aile qui seront à la poursuite des ennemis, après quoi il se trouvera en état de marcher en avant, & de charger la seconde ligne des ennemis, qui seroit sans doute ébranlée par la déroute de la première.

DE LA CHARGE
CONTRE UNE LIGNE D'INFANTERIE.

QUAND un corps de Cavalerie sera chargé d'attaquer une ligne d'Infanterie, il sera disposé sur autant de colonnes que sa force le lui permettra; cette première disposition faite, la première, la seconde, la troisième & même la quatrième troupe de chaque colonne se serrant l'une sur l'autre, s'ébranleront au trot, & se mettront au galop lorsqu'elles seront à cent cinquante pas, pour s'abandonner sur l'ennemi au commandement *haut le sabre*, cette tête de colonne étant destinée à percer la ligne d'Infanterie.

Quant aux autres troupes de chaque colonne, elles laisseront cent pas de distance entr'elles & celles de la tête de leur colonne, destinées, comme il vient d'être dit, à percer la ligne des ennemis.

Après que cette tête de chaque colonne aura traversé la ligne des ennemis, elle fera *halte* à environ cent pas pour se reformer, tandis que les autres troupes qui la

suivront

ſuivront à ce ſt pas ; comme il vient d'être preſcrit, tourneront à droite & à gauche en pénétrant dans cette ligne ennemie, pour la prendre en flanc & achever de la détruire, après quoi elles ſe rallieront promptement pour ſe mettre en état d'attaquer de la même manière la ſeconde ligne d'Infanterie s'il y en a une.

APPRENDRE À SE RALLIER
APRÈS AVOIR CHARGÉ LES ENNEMIS.

COMME on ne parvient guère à culbuter les ennemis ſans ſe déſunir & ſans ſe mettre plus ou moins en déſordre, il eſt eſſentiel d'accoutumer les Cavaliers à ſe reformer promptement après une charge, afin d'être en état de recharger ou de faire face à l'ennemi ; ainſi lorſque les eſcadrons auront marché en avant, le ſabre haut, pour charger, on ordonnera quelquefois aux eſcadrons de s'éparpiller en avant, les avertiſſant par un ſignal ; mais le Commandant, l'Officier-major, le Porte-étendard & les deux Trompettes de chaque eſcadron, qui ne s'abandonneront pas avec le reſte de la troupe, iront ſe placer à la droite, à la gauche ou en arrière du terrain d'où ſera parti l'eſcadron, afin d'accoutumer les Cavaliers à rechercher leur étendard & à s'y rallier.

Quelques minutes après, le Commandant fera ſonner des *appels*, auxquels les Cavaliers ſe rallieront promptement à la droite & à la gauche de leur étendard, en reprenant le plus diligemment qu'il ſera poſſible leur rang, par diviſion & par compagnie, ſans trop s'arrêter à rechercher leur file.

DOUZIÈME MANŒUVRE.

SIMULACRE DE LA CHARGE.

POUR accoutumer les chevaux au bruit des armes, on fera mettre une compagnie ou un eſcadron vis-à-vis de l'autre à environ cent pas, on fera ſortir enſuite pluſieurs Cavaliers de chacune de ces troupes, pour s'avancer les uns vis-à-vis des autres ; ils tireront leur mousqueton, le passeront à la grenadière, mettront ensuite le sabre à la main, le croiseront avec leur ennemi, en se tournant réciproquement de la tête à la queue, par un *demi-tour à droite,* & après s'être éloignés de quelques pas, ils laisseront pendre leur sabre au poignet par le cordon, tireront un ou les deux pistolets & reprendront leur sabre ; ils marcheront ensuite deux pas en avant & reviendront prendre leur place dans la troupe, en passant par derrière.

On fera ensuite marcher en ordre de bataille un escadron (*ou* une compagnie) vis-à-vis de l'autre, pour se charger, le sabre haut, les Trompettes sonnant la charge ; dès qu'ils seront arrivés à la portée du sabre, les Cavaliers des premiers rangs s'élèveront sur leurs étriers & feront cliqueter leur sabre pendant une minute environ & à plusieurs reprises, pour accoutumer les chevaux à ce bruit ; après quoi l'une des deux troupes fera sa retraite (ce qui s'exécutera en faisant faire *demi-tour à droite* par Cavalier au second rang, & ensuite au premier) & ira se rallier à cent cinquante pas environ, se remettant face en tête par le même mouvement.

La troupe censée victorieuse, tirera ensuite un ou les deux pistolets, si le Commandant le juge à propos, & après avoir marché quatre pas en avant, elle fera *halte ;* mais les Cavaliers d'aile (qui n'auront point tiré) seront envoyés à la poursuite des ennemis pour les charger à coups de pistolets ; lorsque le Commandant jugera qu'ils seront assez éloignés de leur troupe, il fera sonner des appels, pour les faire rentrer, & aussitôt ces Cavaliers viendront se rallier à leur escadron, en se replaçant à leur file.

La troupe censée battue s'étant remise en ordre, reviendra ensuite à la charge, & sera victorieuse à son tour; on recommandera aux Cavaliers de tirer en l'air crainte d'accidens.

Cette charge finie, on fera remettre les escadrons en bataille comme ils étoient auparavant.

TREIZIÈME MANŒUVRE.

PASSAGE D'UN DÉFILÉ.

LORSQU'UN régiment (*ou* une troupe) se trouvera dans le cas de passer un défilé, le Commandant le fera former en bataille vis-à-vis du défilé, sans aucun intervalle entre les escadrons, & il fera passer légèrement son avant-garde, pour être instruit de ce qui pourroit se trouver de l'autre côté du défilé; après quoi s'il prend le parti de le passer, il fera les commandemens prescrits à la dixième manœuvre, pour former la colonne du centre. PLANCHE VII, *Figure 22.*

Si le défilé se trouvoit sur la droite ou sur la gauche du régiment, au lieu de former la colonne du centre, il feroit rompre le régiment par la droite ou par la gauche.

Les rangs seront toujours très-serrés en passant un défilé, le passeront lestement & s'avanceront au trot pour reformer leur division, dès qu'ils seront sortis du défilé, la tête de la colonne observant alors de ne marcher que le pas ordinaire; dès que la dernière division de la colonne entrera dans le défilé, l'arrière-garde se disposera à le passer.

REPASSAGE DU DÉFILÉ.

QUANT au passage du défilé en arrière, on y arrive en bataille ou en colonne; si l'on y arrive en bataille, on continuera de marcher jusqu'à cinquante pas environ du défilé, que l'on tâchera de mettre derrière le centre, observant de faire serrer les escadrons en muraille, & après avoir fait *halte*, on fera face en tête par un *demi-tour à droite* par division, compagnie ou escadron.

La troupe qui faisoit l'avant-garde, sera destinée à faire

l'arrière-garde, & se placera en avant du centre du régiment; celle qui faisoit l'arrière-garde sera destinée à faire l'avant-garde, & se placera en arrière du régiment.

PLANCHE VIII, *Fig. 25 & 26.*

Le Commandant fera ensuite les commandemens prescrits à la dixième manœuvre, pour former la colonne de retraite, repasser le défilé & se former en bataille de l'autre côté, s'il est nécessaire.

Dans le cas où le défilé se trouveroit derrière l'aile droite, au lieu de former la colonne de retraite, on romproit le régiment en arrière par la gauche, & l'aile droite passeroit le défilé la dernière; si au contraire le défilé se trouvoit derrière l'aile gauche, on romproit le régiment en arrière par la droite, & l'aile gauche passeroit le défilé la dernière.

QUATORZIÈME MANŒUVRE.

RETRAITE.

ON fera marcher vingt pas en avant la compagnie de la droite de chaque escadron pour en former une première ligne, tandis que la compagnie de la gauche fera *demi-tour à gauche* par compagnie, division ou *demi-tour à droite* par Cavalier, suivant les circonstances; le Capitaine de serre-file de chaque escadron, se placera ensuite à la tête de sa compagnie, & marchera au trot, jusqu'à cent pas (environ) derrière la première ligne (composée comme il vient d'être dit, de la compagnie de la droite de chaque escadron) où elle se remettra, face en tête, par un second *demi-tour à gauche;* dès qu'elle aura fini ce mouvement, la première ligne fera *demi-tour à droite* par compagnie, division, &c. marchera au trot pour passer dans les intervalles de la seconde ligne, & elle se remettra, face en tête, par le même mouvement, à cent pas (environ) derrière cette seconde ligne.

On répètera cette manœuvre autant de fois que les circonstances l'exigeront, & on détachera, s'il est nécessaire, les Cavaliers d'aile de chaque escadron, qui se tiendront

tiendront en avant, à la débandade, pour charger les ennemis, faire avec eux le coup de piſtolet & favoriſer la retraite.

Lorſqu'une troupe ne ſe retirera qu'après avoir chargé, & s'être mis par conſéquent dans l'eſpèce de déſordre inévitable à la ſuite d'une charge, on fera toujours *demi-tour à droite* par Cavalier; & en conſéquence on les exercera à cette manœuvre, qui s'exécutera à rangs ſerrés & de la manière ſuivante.

DU DEMI-TOUR À DROITE PAR CAVALIER.

EN ſuppoſant que les Cavaliers de chaque rang ſoient comptés par deux, à commencer de la droite de chaque compagnie, on fera les commandemens ſuivans:

1.

Prenez garde à vous.

2.

Par Cavalier, demi-tour à droite.

3.

Marche.

Au deuxième commandement, les Cavaliers impairs du premier rang de chaque compagnie, ſe porteront en avant par un Cavalier d'intervalle, & ne ſortiront du rang que des deux tiers de la longueur d'un cheval, & tous les Cavaliers pairs du ſecond rang, reculeront de la longueur d'un cheval par un Cavalier d'intervalle; le Lieutenant de la droite de chaque eſcadron ne changera point de place, mais le Sous-lieutenant reculera de la longueur d'un cheval; ce ſera le contraire pour les Officiers de la gauche de chaque eſcadron.

On accoutumera toujours les Cavaliers à doubler leur file en avant & en arrière par un Cavalier d'intervalle (ſe règlant pour cet effet ſur la droite de leur compagnie), ſans être obligé auparavant de les faire compter.

Auſſitôt qu'on s'apercevra que les files ſeront doublées, on fera le troiſième commandement, *marche;*

auquel chaque Cavalier fera *demi-tour à droite* sans trop précipiter ce mouvement; & faisant face alors en arrière, ceux qui se trouveront aux second & quatrième rangs, rentreront dans les intervalles des premier & troisième rangs, pour ne former que deux rangs, le second rang se serrant aussitôt sur le premier, sans attendre d'autre commandement.

La même règle s'observera pour revenir sur ses pas; les mêmes Cavaliers qui ont doublé leur file en avant, les doubleront alors en arrière, puisqu'ils se trouveront au second rang; & ceux qui les ont doublé en arrière, les doubleront en avant.

Lorsqu'un régiment, chargeant en colonne, les premières troupes de la colonne seront dans le cas de faire leur retraite après avoir chargé; si c'est par compagnie, on commandera à la première compagnie, *à droite & à gauche par division;* cette première compagnie se partagera de droite & de gauche par division, pour se reformer à la queue de la colonne par les mêmes mouvemens; toutes les autres compagnies ou troupes de la colonne qui se trouveront en avoir la tête, exécuteront successivement la même manœuvre & autant de fois que les circonstances l'exigeront.

QUINZIÈME MANŒUVRE.

BORDER LA HAIE.

POUR border la haie par compagnie, sans rien déranger à la formation des divisions, on fera mettre le régiment en colonne par compagnie; après quoi on commandera :

1.

Prenez garde à vous.

2.

Par division, sur un rang, formez les compagnies.

3.

Marche.

Au deuxième commandement, le ſecond rang de la première diviſion & le premier rang de la ſeconde ne bougeront; le premier rang de la première diviſion appuiera à droite, & le ſecond rang de la ſeconde diviſion appuiera à gauche.

Au troiſième commandement, le ſecond rang de chaque diviſion ſe portera en avant, pour ſe former à la gauche du premier, & ſur le même alignement.

Lorſqu'enſuite on voudra remettre les compagnies ſur deux rangs, on commandera :

1.

Prenez garde à vous.

2.

Par diviſion, ſur deux rangs, formez les compagnies.

3.

Marche.

Au deuxième commandement, le ſecond rang de chacune des première & ſeconde diviſions fera bride en main. PLANCHE II, *Fig. 8.*

Au troiſième commandement, le premier rang de la première diviſion appuiera à gauche, & le ſecond rang de la ſeconde diviſion appuiera à droite.

Lorſqu'on fera border la haie pour une revue d'Inſpecteur ou de Commiſſaire, on exécutera cette manœuvre par compagnie, ſans rien déranger à l'ordre d'ancienneté des Cavaliers, & on commandera :

1.

Prenez garde à vous.

2.

Par compagnie, bordez la haie.

3.

Marche.

Le premier rang de toute la compagnie appuiera à

droite, & le second rang appuiera à gauche, pour se former à la gauche du premier.

Lorsqu'ensuite on voudra se remettre sur deux rangs, on commandera:

1.

Prenez garde à vous.

2.

Sur deux rangs, formez les compagnies.

3.

Marche.

Le demi-rang de la gauche de toute la compagnie, fera bride en main de la longueur d'un cheval, & appuiera ensuite à droite; le demi-rang de la droite appuiera à gauche, & fera *halte* après avoir parcouru la moitié de son front.

Cette manœuvre étant exécutée, on fera les commandemens nécessaires pour remettre le régiment en bataille, comme il étoit avant de l'avoir mis en colonne.

SEIZIÈME MANŒUVRE.

METTRE PIED À TERRE, ET REMONTER À CHEVAL.

Si les rangs ne sont pas ouverts, on commencera par les faire ouvrir, soit en avant, soit en arrière, en se conformant aux commandemens prescrits dans la marche & les manœuvres à pied; on commandera ensuite:

1.

Prenez garde à vous, pour mettre pied à terre.

2.

Par un Cavalier d'intervalle.

3.

Bride en main.

4.

Pied à terre.

5.

5.

Reprenez vos rangs.

Au troisième commandement, la file de la droite & tous les nombres impairs de chaque compagnie ne bougeront, tandis que les nombres pairs reculeront de la longueur d'un cheval, se règlant pour cet effet sur la droite de leur compagnie; les Porte-étendards resteront dans le second rang. Si le cas arrivoit que quelqu'un d'eux soit nombre pair, il feroit reculer à sa place le Cavalier qui se trouveroit à sa droite, & il appuieroit un peu à droite pour rendre les intervalles égaux.

Au quatrième commandement, tous les Cavaliers mettront pied à terre en deux temps, se règlant sur la droite de leur compagnie, & se conformant aux principes qui sont établis dans l'Instruction de l'équitation; ils rabattront ensuite les rênes pour les soutenir de la main gauche; ils accrocheront leurs étriers à la crosse des pistolets & raccourciront leurs rênes pour les tenir à pleine main de la main gauche, le pouce fermé dessus à environ un pied du bouton, la main appuyée sur le creux de l'estomac, la rêne du hors-montoir passant sur le bras, & celle du montoir dessous, faisant face à leurs chevaux, qu'ils contiendront de la main droite par les rênes, à six pouces au-dessous des branches du mord.

Au cinquième commandement, ils quitteront les rênes de la main droite, feront tous *demi-tour à droite*, tournant le dos à leurs chevaux, les Cavaliers qui ont reculé, s'avanceront pour rentrer dans leur rang & s'aligner avec les autres, observant de joindre les talons.

Lorsqu'on voudra faire remonter à cheval, on fera les commandemens suivans:

1.

Prenez garde à vous, pour monter à cheval.

2.

Apprêtez vos chevaux.

3.

A cheval.

4.

Reprenez vos rangs.

Le deuxième commandement s'exécutera en deux temps : au premier, tous les Cavaliers feront *demi-tour à gauche*, contenant le sabre de la main gauche ; les nombres pairs reculeront leurs chevaux de la longueur d'un cheval ; ils passeront les rênes sur le col & rabattront l'étrier gauche : au second, ils jetteront le bout des rênes sur le col, en prenant une poignée de crins de la main gauche, & mettront le pied gauche à l'étrier.

Au troisième commandement, ils monteront tous à cheval, ainsi qu'il est prescrit dans l'Instruction de l'équitation.

Au quatrième commandement, les Cavaliers qui ont reculé, rentreront dans leur rang & s'aligneront avec les autres, après quoi le second rang, sans attendre de commandement, se serrera sur le premier.

Toutes les fois qu'on exercera un régiment en entier ou seulement un escadron, & qu'étant pied à terre, on voudra faire monter à cheval, les Trompettes en donneront le signal, le Commandant (après avoir fait cet avertissement, *prenez garde à vous pour monter à cheval*) fera sonner les deux premiers couplets de la *sonnerie à cheval*, pendant lesquels les Cavaliers apprêteront leurs chevaux ; à la fin du premier, ils jetteront les rênes sur le col & mettront le pied à l'étrier, & dès que le second sera achevé, ils monteront tous à cheval ; les Trompettes sonneront ensuite le dernier couplet de cette même sonnerie, après lequel les Cavaliers rentreront dans leur rang, & le second rang se serrera sur le premier.

Telles sont les manœuvres à cheval auxquelles veut Sa Majesté que sa Cavalerie soit exercée; mais Elle défend en même temps, que toutes les fois qu'un régiment s'exercera en entier, on s'amuse aux manœuvres particulières qui sont d'un trop grand détail, & qui doivent être réservées pour les exercices particuliers d'une compagnie ou d'un escadron. Il est bien plus essentiel d'apprendre à la Cavalerie à marcher bien en ligne, en conservant exactement son ordre & ses distances ; à charger avec la plus grande impulsion ; à faire des quarts de conversion avec la plus grande célérité; & enfin à se rallier très-promptement toutes les fois qu'il sera nécessaire.

RENVOI D'UN RÉGIMENT

APRÈS LA FIN DE L'EXERCICE.

LORSQU'APRÈS la fin des exercices à pied ou à cheval, le Commandant jugera à propos de renvoyer le régiment, il avertira les Officiers de reprendre la place de parade; cet avertissement sera suivi d'un appel, après lequel les Officiers se replaceront à la tête de leurs compagnie & division, le Commandant ramènera ensuite le régiment à son quartier d'assemblée, dans le même ordre qu'il en est parti, pour se rendre sur le terrain des exercices; mais avec cette différence que le régiment n'aura pas le sabre à la main, s'il est à cheval, ou que s'il est à pied il portera le mousqueton au bras, & que les Trompettes ne sonneront que lorsque le régiment sera prêt d'arriver audit quartier d'assemblée, auquel signal le régiment mettra le sabre à la main, ou portera le mousqueton, s'il est à pied.

Dès que le régiment sera formé sur le terrain de son quartier d'assemblée, s'il est à cheval, le Commandant ordonnera aux Porte-étendards, au Timbalier, aux Trompettes & à l'escorte des timbales, de se rassembler à la tête de la même division qui les aura amenés, & on reconduira les étendards & les timbales à leur logement, dans le même ordre qu'ils en seront partis.

Au départ des étendards & après qu'ils seront éloignés à une certaine distance, le Commandant fera les commandemens nécessaires pour remettre le sabre, & donnera ses ordres pour que chaque Capitaine ramène sa compagnie à son quartier d'assemblée particulier, d'où il ne renverra les Cavaliers, chacun chez eux, qu'après avoir fait mettre pied à terre, s'ils sont à cheval; mais si les

Cavaliers ſont à pied, le Capitaine leur commandera; (s'il eſt néceſſaire) *demi-tour à droite* & *haut le mouſqueton*, comme au cinquième commandement du maniement des armes à pied, & enſuite, *marche :* alors tous les Cavaliers partiront du pied gauche, & après avoir marché deux pas alignés, ils s'en retourneront chacun chez eux.

DES JOURS D'EXERCICE.

LORSQUE tous les Officiers, bas Officiers & Cavaliers ſeront aſſez inſtruits de tout ce qui concerne les exercices à pied; & qu'au moyen des écoles d'équitation de chaque régiment, ils ſeront parvenus à un aſſez grand point de perfection pour entrer dans l'eſcadron, alors chaque régiment montera à cheval trois fois par ſemaine, à commencer du 1.er Mai juſqu'au 1.er Octobre; & pendant les autres mois de l'année, deux fois ſeulement par ſemaine, ſi le temps le permet.

Du 1.er Mai au 1.er Octobre, chaque régiment s'exercera à pied une fois par ſemaine, & pendant les autres mois de l'année, que le mauvais temps ne permet pas d'exercer à pied, on fera répéter de temps en temps dans les chambrées le maniement des armes, afin d'y entretenir les Cavaliers: l'objet des manœuvres à pied n'étant que d'apprendre aux Cavaliers celles qu'ils doivent exécuter à cheval.

On s'en remet à la prudence des Commandans des corps, pour mettre à profit les jours où le temps ne permettra pas de s'exercer, en les employant à faire travailler dans le manège les Cavaliers qui en auront le plus beſoin.

Mais en attendant que tous les Officiers, bas Officiers & Cavaliers ſoient parvenus au point d'être admis dans les exercices d'un eſcadron, immédiatement après que les Officiers & bas Officiers détachés aux écoles d'équitation que Sa Majeſté a établies, ſeront de retour à leur corps,

corps, & qu'on aura formé dans chaque régiment une école particulière; la première classe de cette école ne sera exercée que tous les deux jours, mais les deux dernières le seront tous les jours; & lorsque la première sera assez instruite, elle ne sera plus sujette alors qu'aux exercices généraux de la compagnie, de l'escadron ou du régiment.

Le Timbalier & les Trompettes d'un régiment s'exerceront ensemble une fois par jour, du 1.er Mai au 1.er Septembre, & seulement trois fois par semaine pendant les autres mois de l'année; un Porte-étendard sera chargé de veiller à cette école.

Lorsqu'un régiment sera divisé & en quartier, les Trompettes resteront à leur escadron pour les exercices de leur compagnie, depuis le 1.er Mai jusqu'au 1.er Octobre, & se rassembleront à l'État-major, si le Commandant le juge à propos, pour s'exercer pendant le reste de l'année.

DES MANŒUVRES

Pour une troupe destinée à aller en détachement ou à être portée en garde ordinaire.

LES troupes composées de quatre ou de huit escouades plus ou moins fortes, selon les diverses circonstances, devant être destinées à aller en détachement, ou à être portées en garde ordinaire, il est nécessaire que les Officiers, bas Officiers & Cavaliers soient instruits des manœuvres auxquelles lesdites troupes doivent être employées.

Pour cet effet, on composera quelquefois des troupes de quatre & de huit escouades, prises alternativement de toutes les compagnies; savoir, d'une escouade de chacune des quatre premières compagnies pour les troupes de quatre escouades, & d'une escouade par compagnie pour chaque troupe de huit escouades.

On commandera pour les troupes de quatre escouades, un Lieutenant ou un Sous-lieutenant avec deux Maréchaux-des-logis, & pour les troupes de huit escouades un Capitaine, un Lieutenant, un Sous-lieutenant, quatre Maréchaux-des-logis, un Trompette & un Maréchal.

Chaque troupe, pour se former en bataille, suivra sa division par escouade, dans le même ordre qu'il a été expliqué ci-dessus à la formation d'une compagnie.

PLANCHE I.re *Figure 5.*

Dans un détachement de quatre escouades, la première sera placée à la droite du premier rang, la seconde à la gauche de ce même rang, la troisième à la droite du second rang, & la quatrième à gauche.

La première & la troisième escouade formeront le premier quart de rang (autrement dit la première demi-troupe), la seconde & la quatrième escouade formeront le second quart de rang.

Le premier Maréchal-des-logis sera attaché au premier quart de rang, & sera placé à la droite du premier rang de cette troupe; le second Maréchal-des-logis sera attaché au second quart de rang, & sera placé en serre-file derrière le centre du second rang de cette troupe.

Le Lieutenant ou le Sous-lieutenant, commandant cette troupe, se placera au centre, à deux pas en avant du premier rang.

PLANCHE I.re *Figure 6.*

Dans un détachement de huit escouades, elles seront disposées, ainsi qu'il a été expliqué pour la formation des huit escouades d'une compagnie; avec cette différence, que les première & cinquième escouades formeront le premier quart de rang de cette troupe, la seconde & la sixième escouade formeront le second quart de rang, les troisième & septième escouades formeront le troisième quart de rang, & les quatrième & huitième escouades formeront le quatrième quart de rang; les deux premiers quarts de rang formeront la première division, & les deux derniers quarts de rang formeront la seconde division; le Lieutenant & le Sous-lieutenant feront pareillement attachés aux mêmes divisions; le Capitaine se placera au centre, à deux pas en avant du premier rang, le Lieutenant à la droite du Capitaine, vis-à-vis le centre de la première division; le Sous-lieutenant à la gauche du Capitaine, vis-à-vis le centre de la seconde division.

Le premier Maréchal-des-logis sera attaché au premier quart de rang, & sera placé à la droite du premier rang; le quatrième Maréchal-des-logis sera attaché au quatrième quart de rang, & sera placé à la gauche du premier rang; le second Maréchal-des-logis sera attaché au second quart de rang, & sera placé en serre-file derrière la première division; & le troisième Maréchal-des-logis sera attaché au troisième quart de rang, & sera placé de même en serre-file derrière la seconde division.

PREMIÈRE MANŒUVRE.

DÉFILER PAR UN, DEUX, TROIS ou *QUATRE.*

DANS une troupe de quatre escouades comme dans une troupe de huit, chaque quart de rang étant censé former une troupe, lorsqu'on fera défiler, le premier rang défilera de suite & sera suivi du second.

A l'égard des *à droite*, des *à gauche*, des *demi-tours à droite* & *demi-tours à gauche*, on se conformera à ce qui a été prescrit ci-dessus pour les mouvemens d'un régiment.

Lorsqu'une troupe étant postée en garde ordinaire, se trouvera enveloppée par des troupes légères & qu'elle n'aura pas le temps de se retirer, elle prendra le parti de faire face de tous côtés en attendant du secours; pour cet effet, on fera faire *demi-tour à droite* par Cavalier au second rang, qui se portera ensuite neuf pas en avant; après quoi les escouades des ailes de chaque rang feront un quart de conversion en arrière, pour faire face aux flancs & former la troupe quarrée.

PLANCHE VIII, *Figure 28.*

Le Lieutenant ſe placera à la tête du ſecond rang, le Sous-lieutenant à la tête du flanc gauche, le premier Maréchal-des-logis à la tête du flanc droit, le ſecond Maréchal-des-logis à la gauche du Capitaine, vis-à-vis l'angle, le troiſième Maréchal-des-logis à la gauche du Lieutenant, le quatrième Maréchal-des-logis à la gauche du Sous-lieutenant, & le Trompette à la droite du Capitaine, auſſi vis-à-vis les angles.

Lorſqu'enſuite on voudra reformer la troupe ſur deux rangs & faire face en tête, après que les eſcouades qui font face aux flancs ſe feront replacées par un *à droite* & un *à gauche* ſur l'alignement de leur rang, on fera faire au ſecond rang une ſeconde fois *demi-tour à droite* par Cavalier, après lequel il ſe ſerrera ſur le premier.

DEUXIÈME MANŒUVRE.

DÉTACHER UNE AVANT-GARDE.

LORQU'IL ſera queſtion de détacher une avant-garde d'une troupe de quatre eſcouades, on fera marcher en avant le premier Maréchal-des-logis, avec trois files de la droite; dans un détachement de huit eſcouades, le Lieutenant marchera en avant avec le premier quart de rang, c'eſt-à-dire la première & la cinquième eſcouade.

Ces avant-gardes porteront pendant le jour, le mouſqueton haut, elles ſe tiendront toujours à cent pas au plus de la troupe, & pouſſeront devant elle & ſur les flancs les Cavaliers néceſſaires pour éclairer la marche.

Ces avant-gardes ſeront plus fortes pendant la nuit, elles ſeront ſuivies de près par la troupe, & alors elles marcheront toujours le ſabre à la main, afin que ſi elles rencontroient l'ennemi, elles puiſſent le charger ſubitement & ſans lui donner le temps de ſe reconnoître.

Ces avant-gardes rejoindront leur troupe, lorſqu'elles en auront reçu l'ordre du Commandant.

TROISIÈME

TROISIÈME MANŒUVRE.

DÉTACHER UNE ARRIÈRE-GARDE.

LE second Maréchal-des-logis d'une troupe de quatre escouades, demeurera cent pas au plus derrière la troupe, avec trois files de la gauche du second quart de rang.

Le Sous-lieutenant d'une troupe de huit escouades, demeurera pareillement à cent pas au plus derrière cette troupe, avec le quatrième quart de rang.

Ces arrière-gardes se feront suivre à trente pas derrière elles, par un nombre de Cavaliers nécessaire, pour être informées de ce qui viendroit derrière elles.

QUATRIÈME MANŒUVRE.

PLACER UN PETIT CORPS-DE-GARDE.

LE Commandant de la troupe ira placer lui-même le petit corps-de-garde, composé soit de trois files pour une troupe de quatre escouades, soit d'un quart de rang pour une troupe de huit escouades, & posera les védettes qui devront entourer, non-seulement ce corps-de-garde, mais encore la troupe, & il les disposera de manière qu'elles puissent tout découvrir sans être vues; quant à la troupe, il l'établira dans quelque fond, ou dans quelqu'endroit couvert, en ayant grande attention qu'elle n'ait pas près d'elle, sur les derrières, ni ravins, ni défilés, & qu'elle ne soit pas trop près d'un bois ou de quelqu'autre obstacle qui pourroit favoriser l'approche de l'ennemi, sans en être instruit.

Ce petit corps-de-garde sera relevé toutes les deux heures, alternativement par trois files d'une troupe de quatre escouades, ou par un quart de rang d'une troupe de huit escouades, & il y aura toujours un Maréchal-des-logis; mais dans une troupe de huit escouades, il ne marchera point d'Officier avec le second & le troisième quart de rang.

CINQUIÈME MANŒUVRE.

SE RETIRER.

LORSQU'UNE troupe de huit efcouades fera obligée de fe retirer, le Capitaine ordonnera au Sous-lieutenant de faire faire une *demi-converfion à gauche* à la feconde divifion, & en même temps le Capitaine fera marcher la première divifion quelques pas en avant, pour foutenir l'autre pendant qu'elle fera fon mouvement, & qu'elle fe portera au trot à cent pas en arrière, où elle fe remettra face en tête, par une feconde *demi-converfion à gauche ;* après quoi la première divifion faifant les mêmes mouvemens par la droite, fe repliera au trot, pour aller joindre la première, le Commandant de la troupe pourra enfuite ordonner au Lieutenant de faire faire le *demi-tour à droite* à la première divifion, pendant qu'il marchera lui-même quelques pas en avant avec la feconde divifion qui fe repliera enfuite par la gauche, ces deux divifions faifant face alternativement.

Si la troupe n'eft que de quatre efcouades, elle fera la même manœuvre par quart de rang.

Si l'on fe retiroit avec un nombre un peu confidérable de troupes de huit efcouades, on les mettroit fur deux lignes, & on fuivroit ce qui eft prefcrit ci-deffus pour les manœuvres d'un régiment.

DES REVUES.

LORSQU'UNE compagnie, un efcadron ou un régiment devra paffer une revue d'honneur, il fera formé en bataille, ainfi qu'il a été expliqué ci-devant, & les rangs feront ouverts; fi on fe rompt enfuite pour défiler & faluer en marchant, les Officiers marcheront dans l'ordre prefcrit ci-deffus pour un régiment en colonne.

Mais pour les revues d'infpection, comme pour celles des Commiffaires des guerres, les compagnies feront en haie, & les Cavaliers diſpoſés par ancienneté, ſans en tranſpoſer aucun.

Le Fourrier & les quatre Maréchaux-des-logis ſeront placés à la droite de leur compagnie, ayant le Trompette à leur droite; les huit Brigadiers ſeront placés à la gauche des Maréchaux-des-logis, les huit Carabiniers à la gauche des Brigadiers, & tous les Cavaliers rangés de même par ancienneté, à la gauche des Carabiniers.

On fera les livrets des revues dans ce même ordre, ſans rien changer au rang que les compagnies doivent tenir dans le régiment, ſuivant leur ancienneté.

Les étendards & les timbales reſteront pour ces revues, aux compagnies où ils ſont attachés, mais les Porte-étendards ne ſeront compris que dans l'État-major du régiment; quant à l'eſcorte ordinaire des timbales, les Cavaliers rentreront à leur compagnie, ainſi que les Trompettes pour le moment de la revue.

Lorſque pour ces revues on voudra former les compagnies en haie, on ſe conformera à ce qui eſt preſcrit à la quinzième manœuvre, pour border la haie par compagnie, & enſuite les Officiers ſe placeront ſur la même ligne que les Cavaliers, à la droite de leur compagnie.

Pour les revues d'inſpection, le régiment reſtera en bataille le ſabre à la main, & les compagnies ne ſe formeront en haie que lorſque l'Officier général chargé de l'inſpection, en donnera l'ordre; mais pour les revues des Commiſſaires des guerres, les compagnies ſeront diſpoſées en haie, avant l'arrivée du Commiſſaire, & ne mettront point le ſabre à la main.

DE LA PROMENADE DES CHEVAUX.

SOIT en garniſon ou en quartier, lorſque le Commandant du corps, d'un eſcadron ou d'une compagnie jugera néceſſaire de faire promener les chevaux, dans le temps où la rigueur de la ſaiſon ou le mauvais temps ne permettront pas d'eſcadronner ni de travailler dans les manèges découverts; les Cavaliers ſeront en ſarraux, en bonnets & n'auront point de ſabres; les chevaux n'auront qu'une couverture & un bridon d'écurie; il y aura un Officier ou Porte-étendard, & deux Maréchaux-des-logis à chaque compagnie : le premier de ces Maréchaux-des-logis marchera à la tête de la compagnie, le ſecond Maréchal-des-logis à la queue; l'Officier n'aura point de place fixe, il ſe portera tantôt à la tête, tantôt à la queue & ſur les flancs, pour voir ſi les Cavaliers ne tracaſſent point leurs chevaux, s'ils marchent bien dans leur rang & à leur diſtance.

Cette promenade faite pendant une heure, on ramènera la compagnie dans ſon quartier.

L'INTENTION de Sa Majeſté eſt que toutes ſes troupes de Cavalerie, tant françoiſes qu'étrangères, ſe conforment avec la plus grande exactitude à tout ce qui eſt preſcrit par la préſente inſtruction : Défendant aux Officiers généraux, aux Commandans des places & aux Commandans des corps, de ſouffrir qu'il y ſoit rien changé, augmenté, ni retranché en quelque manière & ſous quelque prétexte que ce ſoit; & aux Majors ou autres Officiers qui commanderont les exercices, de faire exécuter d'autres temps ni mouvemens que ceux qui y ſont preſcrits. FAIT à Verſailles le premier mai mil ſept cent ſoixante-cinq. *Signé* LOUIS. *Et plus bas*, LE DUC DE CHOISEUL.

www.ingramcontent.com/pod-product-compliance
Ingram Content Group UK Ltd.
Pitfield, Milton Keynes, MK11 3LW, UK
UKHW021103260726
13994UKWH00002B/672

9 782329 355054